Schäb

Weniger tut Kindern gut

W0208688

Weniger tut Kindern gut

Minimalismus in der Familie leben

Bianca Schäb

TRIAS

Bibliografische Information der Deutschen Nationalbibliothek
Die Deutsche Nationalbibliothek verzeichnet diese Publikation in der Deutschen Nationalbibliografie; detaillierte bibliografische Daten sind im Internet über http://dnb.d-nb.de abrufbar.

1. Auflage 2020

© 2020 TRIAS Verlag in Georg Thieme Verlag KG, ein Unternehmen der Thieme Gruppe

Rüdigerstr. 14
70469 Stuttgart
Deutschland

www.trias-verlag.de

Printed in Germany

Programmplanung: Katja Liese
Projektmanagement: Annalena Müller
Redaktion: Ursula Brunn-Steiner, Vaihingen/Enz
Umschlaggestaltung:
CYCLUS · Visuelle Kommunikation, Stuttgart
Bildnachweis:
Umschlagfoto: Holger Münch, Stuttgart
Autorenfoto: José Messana, Studiolounge Zürich
Zeichnungen: Grafikbüro Schaaf, Germersheim
Satz: Ziegler und Müller, Kirchentellinsfurt, gesetzt auf APP/3B2, V.9
Druck: Westermann Druck Zwickau GmbH, Zwickau

ISBN 978-3-432-11070-7   1 2 3 4 5 6

Auch erhältlich als E-Book:
eISBN (epub) 978-3-432-11071-4

Wichtiger Hinweis: Wie jede Wissenschaft ist die Medizin ständigen Entwicklungen unterworfen. Forschung und klinische Erfahrung erweitern unsere Erkenntnisse. Ganz besonders gilt das für die Behandlung und die medikamentöse Therapie. Bei allen in diesem Werk erwähnten Dosierungen oder Applikationen, bei Rezepten und Übungsanleitungen, bei Empfehlungen und Tipps dürfen Sie darauf vertrauen: Autoren, Herausgeber und Verlag haben große Sorgfalt darauf verwandt, dass diese Angaben dem Wissensstand bei Fertigstellung des Werkes entsprechen. Rezepte werden gekocht und ausprobiert. Übungen und Übungsreihen haben sich in der Praxis erfolgreich bewährt.

Eine Garantie kann jedoch nicht übernommen werden. Eine Haftung des Autors, des Verlags oder seiner Beauftragten für Personen-, Sach- oder Vermögensschäden ist ausgeschlossen.

Geschützte Warennamen (Warenzeichen ®) werden nicht immer besonders kenntlich gemacht. Aus dem Fehlen eines solchen Hinweises kann also nicht geschlossen werden, dass es sich um einen freien Warennamen handelt.

Das Werk, einschließlich aller seiner Teile, ist urheberrechtlich geschützt. Jede Verwendung außerhalb der engen Grenzen des Urheberrechtsgesetzes ist ohne Zustimmung des Verlages unzulässig und strafbar. Das gilt insbesondere für Vervielfältigungen, Übersetzungen, Mikroverfilmungen oder die Einspeicherung und Verarbeitung in elektronischen Systemen.

Datenschutz: Wo datenschutzrechtlich erforderlich, wurden die Namen und weitere Daten von Personen redaktionell verändert (Tarnnamen). Dies ist grundsätzlich der Fall bei Patienten, ihren Angehörigen und Freunden, z. T. auch bei weiteren Personen, die z. B. in die Behandlung von Patienten eingebunden sind.

Liebe Leserin, lieber Leser,

hat Ihnen dieses Buch weitergeholfen? Für Anregungen, Kritik, aber auch für Lob sind wir offen. So können wir in Zukunft noch besser auf Ihre Wünsche eingehen. Schreiben Sie uns, denn Ihre Meinung zählt!

Ihr TRIAS Verlag

Kontakt:
kundenservice.thieme.de

Lektorat TRIAS Verlag
Postfach 30 05 04, 70445 Stuttgart

Abonnieren Sie unsere Newsletter:
www.trias-verlag.de/newsletter

Besuchen Sie uns auf facebook
www.facebook.com/trias.tut.mir.gut

Besuchen Sie uns auf facebook
www.facebook.com/mama.mag.trias

Folgen Sie uns auf Instagram
www.instagram.com/trias_verlag

Lassen Sie sich inspirieren
www.pinterest.com/triasverlag

Die Autorin

Bianca Schäb ist Autorin und freiberufliche User Experience Designerin. Zuvor hat sie als Art Director für verschiedene Werbeagenturen und Unternehmen wie Jung von Matt, Interone und Leo Burnett gearbeitet. Im Juli 2015 startete sie mit ihrem Goggomobil zu einer 3000 Kilometer langen, 40-tägigen Entschleunigungstour quer durch Deutschland. Nun hat sie sich dem Thema Minimalismus in der Familie zugewandt und einen Selbstversuch gestartet. Zusätzlich interviewte sie unterschiedlichste Minimalismus-Experten, um die Frage zu klären, ob es sich mit Kind und Kegel überhaupt minimalistisch leben lässt. Und vor allem: ob es glücklich macht. Bianca Schäb lebt in Zürich in der Schweiz.

Inhalt

Prolog oder: Meine Definition von Minimalismus

Mini-ma-lismus. Steht für weiße Wände, Besitzlosigkeit und ein Leben wie ein Schwamm. Ein Schwamm ist ein am Meeresgrund festgewachsenes Tier ohne Organe und ohne Arme oder Beine. Er kommt nicht wirklich in der Welt herum und führt womöglich das langweiligste Leben des Universums – vergleichbar mit dem Leben eines Minimalisten. So zumindest die Ansicht vieler.

Wie man Minimalismus definiert, ist von Mensch zu Mensch unterschiedlich. Selbst wie man ihn lebt, ist von Minimalist zu Minimalist verschieden. Die einen haben nur 100 Besitztümer, die anderen leben von 1 Euro am Tag. In meiner Welt hat Minimalismus nichts von all den extremen Vorstellungen. Ich versuche einen alltagsfähigen Minimalismus zu finden, den ich in unser »normales« Familienleben integrieren kann.

Etwas, das uns hilft, Zeit für die wirklich wichtigen Dinge zu haben, achtsam im Umgang miteinander zu sein und alles Überflüssige zu meiden. Ich nenne es »Minimalismus für den Alltag«. Er ist ein bisschen wie Abnehmen ohne Diät. Nur werde ich hier keine Wundermittel aus der Hosentasche ziehen oder Allgemeinversprechen geben. Ein minimalistisches Leben bedeutet für jeden etwas anderes. Es gibt kein Richtig oder Falsch, es gibt nur deinen eigenen, ganz persönlichen Weg. Die einen brauchen 100 Dinge, die anderen 1000. Aus meiner Sicht können beide Minimalisten sein, jeder auf seine Art. Minimalismus soll dir, deinem Partner und deinen Kindern helfen, ein glückliches, einfacheres und leichteres Leben zu führen. Warum also schwertun, wenn es leichtfällt? Im Übrigen ist das Schwamm-Tier mit seinen 10000 Jahren das älteste Lebewesen der Welt.

Über mich

Achtzig – die Zahl acht ist ein Zeichen für Unendlichkeit, Vollkommenheit und Glück. Zugleich kann sie einen Neuanfang symbolisieren. Die Zahl Null hingegen? Ich bin kein Numerologe, falls es diese Berufsbezeichnung überhaupt gibt. Null steht für nichts: nada, niente, Niete – ein Los, das keinen Gewinn bringt. So fühle ich mich gerade. Ich bin leer. Ich habe die letzte Umzugskiste mit der Zahl 80 beschriftet. Wer hat so viel Besitz, dass man 80 Kisten damit füllen kann? Okay, ich bin nicht alleine für die Masse an Kram verantwortlich. Zu mir gehören noch zwei Anhänge: Marta und Toby. Marta ist zweieinhalb Jahre alt. Ihr Name steht mit schwarzem Edding auf 16 Kisten. Wie kann ein Lebewesen, das nicht mal 1 000 Tage alt ist, Material anhäufen, das auf 16 Kisten aufgeteilt werden muss?

Ich fürchte, dafür bin ich verantwortlich – und alle unsere Verwandten und Freunde, die – freundlich, wie sie sind – immer gerne eine Kleinigkeit für das Kind mitbringen. So ein winziges, entzückendes, buntes Plastikteil, das wiederum ein großes, freudestrahlendes Lächeln auf Martas Gesicht hervorruft und durch das der oder die Schenkende als Gegenleistung in leuchtende Kinderaugen blicken darf. Ich verstehe das. Allein das Kaufen von Kinderkram bereitet Freude. Wer geht nicht gerne in einen von diesen pastellfarbenen, nach Zuckerwatte und einem Hauch von Kleber duftenden Läden, in denen so viel niedlicher Krimskrams steht, dass man auch beim mehrmaligen Schlendern durch die Gänge immer wieder etwas Neues entdeckt.

Vor etwas mehr als zwei Jahren bin ich schon mal umgezogen. Damals mit dem knapp drei Monate alten Baby und an die 50 Kisten Ballast. Ich habe mir vorgenommen, dringend zu reduzieren. Zum einen mein persönliches Hab und Gut und zum anderen in Voraussicht auf die Produkte, die man für so ein Baby zu kaufen gedenkt. Ein Baby braucht doch eigentlich nichts außer etwas Kleidung, Nahrung und Liebe. Und natürlich ein Schnuffeltuch, eine Decke aus Bio-Merinowolle, einen TÜV-zertifizierten Autositz, der sich für längere Fahrten in Liegeposition stellen lässt. Wegen des Rückens. Wenn es nämlich im Rücken zu Verspannungen kommt, dann schläft das Baby nicht und man muss zum Osteopathen. Rückblickend hat das Baby trotz seines Multifunktionssitzes in der Nacht kein Auge zugetan und auch das Handauflegen des Osteopathen hat nicht wirklich viel genutzt. »Da muss man eben durch«, höre ich meine Mutter sagen, »Babys schreien auch mal.« Das war früher schon so und hat sich bis heute nicht geändert. Warum aber haben wir heute solche Angst, etwas nicht perfekt oder gar falsch zu machen? Warum hat jeder das Gefühl, hilfreiche Tipps geben zu müssen und die eigene Wahrheit als alleinige Lösung zu verkaufen? War das früher auch schon so oder ist das ein Problem der heutigen Zeit? Ein Problem unserer Das-Gras-auf-der-anderen-Seite-ist-immer-grüner-Instagram-Generation?

Eigentlich bin ich nicht der Typ, der alles perfekt machen muss. Ich fühle mich wohl im gut organisierten kreativen Chaos, würde jede Netflix-Serie einer Yogastunde vorziehen und zum Kind bin ich gekommen wie die Jungfrau Maria. Na gut, Letzteres stimmt nicht ganz. Wir saßen aber mindestens so überrascht in unserer Küche wie Maria in ihrer Kammer, als es mittels Schwangerschaftstest zur Verkündung der Empfängnis kam.

Wie viel ist zu viel?

Ich bin der Überzeugung, ein Kind benötigt nicht viel, um glücklich zu sein und sich geborgen zu fühlen. Ein Mensch braucht nicht viel. Kreatives Chaos hin oder her, ich fühle mich auch wohler, seit ich nicht mehr so viel Ballast mit mir herumschleppe. Doch warum will es mir einfach nicht gelingen, meinen Besitzstand zu reduzieren? Von Wohnungswechsel zu Wohnungswechsel sammeln sich immer mehr Gegenstände an und ich weiß nicht, wie diese ganzen Sachen ihren Weg zu mir finden. In der gesamten Wohnung liegt Zeug herum und ich bin permanent mit Aufräumen und Hinterherräumen beschäftigt. Nie komme ich zur Ruhe und habe keine freie Minute, mich einfach hinzusetzen, da zu sein und den Moment zu genießen. Ich fühle mich gefangen in einem Perpetuum mobile, einem niemals enden wollenden Kreislauf aus Aufräumen, Putzen, Hinterherräumen, Essenkochen,

Spülen, Arbeiten. Und täglich grüßt das Chaos – am nächsten Morgen geht es genauso weiter.

»What you own, owns you« heißt ein minimalistischer Leitsatz. Ein vollgestopfter Raum belastet unsere Gedanken, weil das Chaos unsere Konzentration hindert und uns somit davon abhält, uns auf das Wesentliche zu fokussieren. Wenn ich es schon selbst nicht schaffe, wie soll ich einen reduzierten Lebensstil mit einem Kind realisieren? Ist es überhaupt möglich, minimalistisch mit Kindern zu leben? Minimalismus und Kind, das klingt erst mal konträr. Man stellt sich ein ungemütliches, kühles Zimmer mit weißen Wänden ohne Spielzeug vor. Alles akkurat angeordnet und fein sortiert. Ich möchte meinem Kind weder das Aufräumen nach der KonMari-Methode aufzwingen, noch will ich es zu einem Mini-Monk erziehen, mit Aufräumzwang und Chaosphobie. Im Leben läuft nicht immer alles geordnet, das muss Marta schließlich auch lernen. Ich möchte auch nicht, dass sich Marta später über ihre unglückliche Kindheit beschwert, in der der Weihnachtsmann mit einem leeren Sack den Schornstein hinunterplumpste.

Wir müssen nichts kaufen, um glücklich zu sein.

In einem Artikel lese ich: »Beim Minimalismus handelt es sich um eine Lebenseinstellung. Durch ihn versteht man den Unterschied zwischen Besitzen und Erleben. Wir müssen nichts kaufen, um glücklich zu sein. Stattdessen treffen wir sinnvolle Kaufentscheide und üben uns im bewussten Verzicht.« Um die Dinge, die wir nicht haben, brauchen wir uns auch nicht zu kümmern. Sie können nicht kaputtgehen, verursachen keine Kosten, brauchen keine Pflege. Letztlich spart man eine Menge Zeit, die man stattdessen für die wirklich wichtigen Dinge nutzen kann.

Mein Ziel ist es, die unnützen Dinge aus unserem Leben zu verbannen und dabei die Interessen und Bedürfnisse aller Familienmitglieder zu berücksichtigen, um letztlich mehr Zeit für die wichtigen Dinge und gemeinsame Erlebnisse zu haben. Ich will nicht zurückblicken und denken, dass ich die schönsten Jahre vergeudet habe, weil ich dachte, ich müsste aufräumen und alles sauber halten.

In der Theorie klingt das alles ganz sinnvoll. Ich stimme diesen Worten durchaus zu. Doch die 80 Umzugskisten vor mir zeigen, dass es bei der Umsetzung noch Luft nach oben gibt. Neunzig Stufen – unsere neue Wohnung befindet sich im fünften Stock, Altbau, ohne Aufzug. Jede Kiste schmerzt in den Oberschenkeln, in den Armen, im Rücken. Ich habe von nun an 90 Stufen lang Zeit, mir darüber Gedanken zu machen, wie ich diesen Minimalismus, von dem alle sprechen, harmonisch in mein Leben und unseren Alltag integrieren kann.

Das und viele andere Sachen versuche ich herauszufinden, auf meiner kleinen Reise durch die verschiedenen Facetten des Minimalismus. Ich werde mit Psychologen, Intelligenzforschern, Neurologen und weiteren Spezialisten sprechen. Ich interviewe Reisende und hole mir den ein oder anderen Tipp von Minimalismus-Experten. In der Hoffnung, dass ich als Mutter mehr Zeit für die wichtigen Dinge habe und dass ich sie erkenne. Ich möchte meiner Tochter eine gute Basis für den Weg ins Größerwerden geben, sodass sie die Dinge wertschätzt und sich verantwortlich für die Welt fühlt, in der wir leben. Um das zu können, muss ich zunächst an mir selbst arbeiten und verstehen, wie die Industrie und unsere Konsumgesellschaft tickt. So kann ich es schaffen, mich abzugrenzen, ohne mich als Außenseiterin zu fühlen. Das ist jedenfalls der Plan.

Kommen dir diese Vorsätze bekannt vor? Mein rechter Platz auf dieser spannenden Expedition ist noch frei und ich lade dich herzlich ein, mich dabei zu begleiten.

Bianca Schäb

WILLKOMMEN

IN DER

WELT DES

KONSUMS

Beim genaueren Hinschauen beginnt der ganze Wahnsinn bereits vor der Geburt. Während ich selbst immer schwerer werde und aufgehe wie ein Hefekloß, wird mein Portemonnaie stetig leichter und schrumpft wie eine eingetrocknete Rosine. Ursache dafür sind die vielen vermeintlich wichtigen Dinge, die vor einer Geburt gekauft werden sollten.

Ich vertreibe mir die freie Zeit in den letzten Monaten und Wochen der Schwangerschaft in diversen Vorbereitungs- und Erste-Hilfe-am-Kind-Kursen. Dort kann ich mich mit anderen Mit-30er-Müttern über vorgeburtliche Einkaufslisten austauschen und erfahre am Rande noch, welcher Autositz am sichersten und welches Babyphone am besten ist. Kostenlose Zusatzinfo: Ab der 36. Schwangerschaftswoche darf man keinen Zucker mehr essen. Der verklebt nämlich irgendwelche Rezeptoren am Muttermund, dadurch kann er sich nicht öffnen und das Kind flutscht nicht mehr so gut heraus. So in etwa kann man sich das vorstellen.

Diese Information versuche ich in meinem Hirn zu verarbeiten, doch mein Körper ignoriert sie und stopft weiterhin das tägliche Stück Käsekuchen in sich hinein. Bei Instagram sehe ich, dass es zum Lifestyle der modernen Mutter gehört, ein skandinavisch angehauchtes Babyzimmer zu haben. Eine gelungene Mischung aus den Kontrasten Schwarz und Weiß sowie ein Hauch von Pastell sind das Geheimnis. Farben, die jedes Neugeborene glücklich machen. Die entsprechenden Marken werden stets markiert, sodass es nicht schwerfällt, mit ein bis zwei Klicks diese hyggelige Einrichtung zu kopieren.

Zum Glück hat die sogenannte »Baby-Shower-Party« aus Übersee mittlerweile auch Einzug in Europa gefunden. Dank ihr hat die Schwangere von heute bereits vor der Geburt die Möglichkeit, sich ausgiebig beschenken zu lassen und dabei den eigenen Geldbeutel zu schonen. Hier handelt es sich um eine aufwendig inszenierte Geburtsvorbereitungsparty, bei der man Zuckertörtchen mit den besten Freundinnen isst und das ungeborene Baby zelebriert. Erwachsene Frauen basteln zusammen Torten aus Windeln und essen Babybrei aus Biogemüse. Die Schwangere steht mit ihrer zart rosafarbenen Schärpe, wie man sie von Misswahlen kennt, im absoluten Mittelpunkt. Es gibt Cupcakes, frisch gemixte Kiwi-Wonder-Smoothies und natürlich viele, viele Geschenke.

Wem das noch nicht reicht, der macht eine Fötus-Party. Definition bei Wikipedia: »Fötus-Partys können in den Räumen von Gynäkologie-Praxen stattfinden oder auch privat, wenn die Beteiligten entsprechende Technik herangeschafft haben, um die Föten der anwesenden schwangeren Frauen zu betrachten. Genutzt wird in der Regel 3D- oder 4D-Ultraschall; Firmen bieten Pakete für Interessenten ab 250 Euro an.« Das Phänomen kommt, man kann es fast ahnen, aus den USA.

Bei einem Stück Käsekuchen beschließe ich, mich auf das Wesentliche zu konzentrieren und erst mal abzuwarten, bis mein Kind überhaupt da ist. Ein Kinderzimmer lässt unsere kleine Mietwohnung ohnehin nicht zu und das Durcharbeiten der Produktpalette rund um die Themen Wickeln und Spazierengehen sind zunächst erst mal ausreichend.

Kinderwagen – der Ferrari des kleinen Mannes

Da stehe ich nun vor dem einen aller Geschäfte. Es liegt, beinahe versteckt, in einer unscheinbaren Seitenstraße. Nebenan Frankfurts größte Konsummeile, die Zeil. Bisher habe ich immer einen großen Bogen um diesen Palast aller Elternträume gemacht. Aber heute hat auch meine Stunde geschlagen, das Tor öffnet sich: Zum ersten Mal betrete ich das riesige Baby-Einkaufs-Wunderland. Ich gehe durch den Gang, vorbei an Stramplern, Lätzchen und anderen winzig kleinen Produkten, von denen ich nicht weiß, wofür man sie genau benötigt. Am Ende des Gangs stehe ich vor einer riesigen Auswahl an Kinderwagen. Das Ziel meines Ausflugs!

Ich kenne mich nicht wirklich aus. Ich weiß nur, dass jede zweite Mutter mit diesem einen Modell, auf dem ein weißer Kreis prangt, durch die Parks und Straßen flaniert. Ich werde quasi verfolgt von diesem Hipsterschlitten, seit ich mich damit auseinandersetze. Der trendige Name dieses Wagens heißt übersetzt »Schreckgespenst« – und das ist nicht einmal das Kurioseste an dem Produkt. Der wendige »Hui Buh« hat sich zum Statussymbol junger, modebewusster Eltern entwickelt, nachdem die rothaarige Anwältin aus »Sex and the City« einmal damit über den Broadway gestöckelt ist. Kostenfaktor: 1 079 Euro – ganz ohne Zubehör.

Es ist mir egal, welcher Wagen es wird, nur dieser sicher nicht. Das habe ich mir geschworen. Verzweifelt suche ich nach einer Verkäuferin. Ich habe absolut keine Ahnung, auf was man beim Kauf eines Kinderwagens achten sollte. Ist die Höhe wichtig? Das habe ich jedenfalls mal gehört, wegen des CO_2-Ausstoßes der Autos. Macht man vielleicht sogar eine Probefahrt?

Es gibt nur zwei Verkäuferinnen und die sind bereits seit längerer Zeit im Gespräch mit sich umarmenden, baldigen Eltern. Ein flaues Gefühl durchwandert meinen Magen. Ich bin ganz alleine hier, sichtbar schwanger, was sollen die anderen von mir denken? Ich bemerke mitleidige Blicke von der Seite. Am liebsten würde ich rufen: »Ich bin nicht alleinerziehend und ich weiß auch, wer der Vater ist!« Wut steigt in mir hoch: Wieso muss ich das hier mal wieder allein erledigen? Ich habe bereits vom Autositz bis zur Wickelkommode alles organisiert. Ich dachte, Kinderwagenkaufen sei ein Männerthema. Je länger ich warten muss, desto zorniger werde ich.

»Kann ich Ihnen weiterhelfen?«, höre ich eine Stimme aus dem Hintergrund – und endlich kommt Licht in den dunklen Dschungel der Säuglingskutschen. Eine halbe Stunde später bin ich noch unsicherer als vorher. Die Höhe des Kinderwagens ist aufgrund der Feinstaubbelastung tatsächlich nicht außer Acht zu lassen. Außerdem muss man abwägen, ob man sich beim Joggingkurs »Fit mit Baby« anmelden möchte oder ob man häufig U-Bahn fahren wird. Für beide Tätigkeiten sind unterschiedliche Modelle sinnvoll. Für Letztere eignet sich aufgrund der Maße nur ein einziger Wagen, der durch den schmalen Einstieg der alten Frankfurter U-Bahn passt. Unzählige Argumente später verlasse ich die luftballonleichte Babywelt mit einem Stein im Magen und einem »Hui-Buh«-Prospekt in der Hand.

Als kleine Hilfestellung bei der Auswahl hier meine Erfahrungen beim Kinderwagenkauf:

- Er muss nicht neu sein. Gebraucht kostet der vierrädrige Untersatz gerade mal die Hälfte – meist inklusive Zubehör. So wird die Umwelt geschont und gleichzeitig noch das Portemonnaie.
- Vorsicht vor Designentscheidungen: Nicht jeder Wagen, der gut aussieht, ist auch gut.
- Es muss kein teures Modell sein. Die meisten Kinderwagen haben eine Lebensdauer, die für mehrere Kinder ausreicht. Die Qualität ist entscheidend.
- Ein Wagen reicht aus. Ein Modell zum Spazieren, ein Wagen zum Joggen, ein Anhänger zum Radfahren und für später dann der Buggy. In diese Falle tappen viele junge Mütter. Es ist jedoch völlig unnötig, so viel Geld für ein Modell auszugeben, das am Ende nur wenige Male benutzt wird. Den Anhänger für die einmalige Fahr-

radtour kann man sich im Übrigen über Apps wie »sharely« problemlos und günstig ausleihen.

Rückblickend kann ich sogar sagen, dass ich keinen Kinderwagen gebraucht hätte. Viele Babys sind am liebsten in der Trage. Auch für mich war es immer stressfreier, das Tragetuch umzuwickeln, als den Kinderwagen durch den Hausflur zu schleppen, alles einzuladen und vor jeder Bahn oder Treppe einen Passanten zu fragen, ob er mir behilflich sein könnte. Kleinere Einkäufe lassen sich sehr viel entspannter erledigen, wenn man keinen breiten Kinderwagen durch schmale Gänge schieben muss. Viele Buggys sind bereits für Kinder ab fünf Monaten geeignet, sie lassen sich komplett zusammenklappen, sind weniger sperrig und für kurze Spaziergänge oder den Mittagsschlaf draußen optimal geeignet. Außerdem kann ich jede Treppe damit alleine erklimmen und ein guter Buggy kostet lediglich einen Bruchteil von dem, was ein Kinderwagen kostet – und das bei einer viel längeren Nutzungsdauer.

Aber vielleicht sind die Gegebenheiten bei dir ganz anders? Hier die Möglichkeiten, einen Säugling von A nach B zu bringen:

Der Kombi-Kinderwagen: Dieses Gestell hat mehrere Kombinationsmöglichkeiten und kann daher ab der Geburt bis zum Kindergartenalter genutzt werden. Er besteht aus einer Wanne oder Tragetasche und für später einer Sitzeinheit zum Umbauen. Mit einem Adapter kann man auch den Autositz auf das Gestell stecken. Es empfiehlt sich, darauf zu achten, dass sich der Sitz in beide Blickrichtungen verstellen lässt und dass der Schieber höhenverstellbar ist.

Bist du eine Stadtmama? Wenn du keine langen Waldwanderungen machst und eher in der Stadt auf Asphalt unterwegs bist, sind Hartgummiräder wichtig. Achte zudem auf schwenkbare Vorderräder.

Du gehst gerne über Stock und Stein? Dann benötigst du eher große, mit Luft gefüllten Reifen. Diese federn zusätzlich. Allerdings sind sie nicht so wendig.

Du bist sehr sportlich? Dafür gibt es sogenannte Jogger.

Du fährst öfter Rad? Dann empfiehlt sich ein Anhänger. Den gibt es bereits mit Babyeinsatz und du kannst ihn somit von Beginn an verwenden. Oft besteht auch die Möglichkeit, den Anhänger wie einen normalen Kinderwagen zu schieben.

Hast du ein kleines Auto oder verreist öfter? Dann ist ein Buggy optimal. Die meisten lassen sich einteilig zusammenklappen und sind platzsparender als Kinderwagen. Von Vorteil ist, wenn sich die Rückenlehne in Liegeposition verstellen lässt.

Die Babytrage ist mein persönlicher Favorit. Viele Kinder liegen nicht gerne im Wagen, sondern sind froh, wenn sie an Mamas Bauch getragen werden oder später auf dem Rücken und etwas schauen können. Auch hier gibt es verschiedene Modelle vom Tragetuch zum Selbstwickeln bis zur Kombitrage mit Babyeinsatz.

Phänomen Nestbau – Kaufen aus Vorfreude

Der Kinderwagen war erst der Anfang! Die größte Verkaufsveranstaltung meines bisherigen Lebens hatte damit begonnen. In den nächsten Wochen und Monaten bekam ich allmählich mit, welch milliardenschwerer Markt sich um das Elternwerden aufgetan hat. Von Spezialsocken, die Herz- und Sauerstoffrate messen, über feuerfeste Strampler bis hin zu Teddybären, die fortwährend die Temperatur der kleinen Besitzer messen. Denn Überhitzung ist eine der Hauptursachen für den plötzlichen Kindstod.

Es war wohl ein innerer Schutzschild, der mich immer im großen Bogen um diese so friedlich wirkende und pastellfarben schimmernde Baby-Mall hat herumgehen lassen. Aber nun bin ich mittendrin. Ich passiere den Gang. Auf meinem Weg nach draußen kann ich bei den winzigen Mützchen und Söckchen leider nicht widerstehen und kaufe sie spontan. Dann lasse ich für heute die Baby-Einkaufswelt hinter mir.

Etwas überrumpelt stellt sich mir die Frage, was ein Neugeborenes tatsächlich braucht. Es ist bekannt, dass dazu keine zehn Mützen und 20 Söckchen vonnöten sind. Trotzdem bin ich gerade mit beiden Füßen in die Konsumfalle getreten. Und das, obwohl das Kind noch nicht einmal da ist.

Es ist schließlich nicht selbstverständlich, einen unkomplizierten Schwangerschaftsverlauf zu haben und schon bald ein gesundes und quietschfideles Kind in den Armen zu halten. Ich werde fast ein bisschen abergläubisch und nehme mir vor, bis zur Geburt erst mal die Füße stillzuhalten und nur das Nötigste zu kaufen. Ich möchte mir nicht vorstellen, wie es ist, ein fertig eingerichtetes Kinderzimmer zu haben und ohne seinen kleinen Bewohner aus dem Krankenhaus zurückzukommen. Wenn man darüber nachdenkt, wirkt dieser vermeintlich wichtige Nestbaukonsum völlig oberflächlich und unnütz.

Um meine Vorfreude auszuleben, müssen wir nicht wie wahnsinnig auf Shoppingtour gehen und ohne Sinn und Verstand Babyprodukte kaufen. Viel eher sollten wir uns die Frage stellen, was jetzt gut für uns ist und wie wir die letzten Tage und Wochen nutzen können, um auf den großen Tag und das Leben danach vorbereitet zu sein.

Kaufen aus Vorfreude, das scheint mir ein gesellschaftlich anerkanntes Phänomen zu sein, wenn es sich um das Thema Kinder dreht. Doch um was geht es dabei wirklich? Auf den ersten Blick möchten wir uns selbst einen Gefallen tun, indem wir Dinge kaufen. Wir möchten uns belohnen für die Arbeit, die wir geleistet haben, oder wir möchten in einer stressigen Zeit einfach mal wieder einen Glücksmoment haben. Natürlich sind wir im Moment des Kaufs überzeugt, dass wir dieses oder jenes unbedingt benötigen. Warum ist das so? Sehr häufig sind der Konsum und der daraus resultierende kurze Glücksmoment nur ein Versuch, etwas anderes zu kompensieren. Die eigentliche Ursache wird damit jedoch nicht behoben. Es ist wie ein schöner Ton, der das ungemütliche Grundrauschen für einen kurzen Moment überdeckt. Ich habe sogar das Gefühl, dass es mir in der Schwangerschaft noch schwererfällt, der Versuchung zu widerstehen. Aber warum? Sind es der Kuchen und die vielen Eisbecher, die ich stattdessen kompensieren will?

Was braucht man – und was eher nicht?

Mit der Ausstattung des ersten Babys sind viele Eltern aufgrund des Überangebots von Babyprodukten schnell überfordert. Der Markt ist riesig und bietet so manches an, was niemand braucht. Die werdenden Mütter und Väter haben oft keinen blassen Schimmer, was ein Neugeborenes wirklich benötigt. Die Folge: Sie kaufen viel zu viel und geben unnütz Geld für Dinge aus, die dann kaum benutzt werden. Dabei braucht ein Baby am Anfang seines Lebens oft weniger, als man denkt. Die Frage ist nur: was?

Diese 12 Dinge braucht ein Neugeborenes wirklich:

1. Einen Platz zum Schlafen: Das kann ein Babygitterbett sein, das man bis zum Alter von drei Jahren nutzen kann. Ein Beistellbett kann ans Elternbett gestellt werden und ist sehr praktisch, wenn man stillt. Alternativ kann auch der altbekannte Stubenwagen genutzt werden oder eine Babywiege. Grundsätzlich kann das Baby, solange es sich nicht dreht, tagsüber auch in der Babywanne des Kinderwagens, auf einer Decke oder sonstwo schlafen. Die einfachste und minimalistischste Form des Schlafplatzes ist natürlich das elterliche Bett.
2. Schlafsack für Neugeborene: Je nachdem, ob das Baby im Sommer oder Winter zur Welt kommt, gibt es unterschiedlich warme Modelle.
3. Einige Mullwindeln: Diese können als Spucktuch genutzt werden. Außerdem kann man sie als Sonnenschutz an den Kinderwagen hängen, da sie sehr luftdurchlässig sind. Sie sind besser als ein Sonnenschirm am Wagen, der bei jedem Richtungswechsel des Kinderwagens verstellt werden muss. Es gibt zudem sehr große Mulltücher, die man optimal zum Pucken nutzen kann.
4. Moltontücher: Molton ist dichter gewebt als Mull. Sie eignen sich optimal als Unterlage beim Wickeln oder als Nässeschutz.
5. Mullwaschlappen zum Pflegen und Poposaubermachen
6. Windeln: eine Packung Wegwerfwindeln in der kleinsten Größe oder Stoffwindeln
7. Wundschutzcreme
8. Fieberthermometer
9. Fläschchen
10. Notfallmilchpulver
11. Schnuller
12. Kleidung: fünf Wickelbodys, fünf Strampler, drei Schlafanzüge, zwei Mützchen, ein Jäckchen, einen Overall (die Ausfahrgarnitur). Je nachdem, in welcher Jahreszeit das Baby geboren wird, kann man lange bzw. kurze Ärmel wählen, dünnen oder dicken Stoff. Im Winter kommt noch ein Schneeanzug mit Fäustlingen dazu; dieser muss für Neugeborene natürlich nicht wasserdicht sein.

Babys wachsen am Anfang wöchentlich aus ihrer Kleidung heraus und erfahrungsgemäß bekommt man sehr viel Kleidung geschenkt. Deshalb ist es am ressourcenschonendsten, ein Set für die Anfangszeit zu leihen.

Das braucht man nicht zwingend:

- Windeleimer: sind meiner Meinung nach völlig unnötig. Wer einen Balkon hat, kann diesen evtl. als Zwischenlager nutzen.
- Wärmelampe: für Sommerbabys völlig unnötig. Bei Winterbabys ganz nett, aber nicht nötig, solange ihr nicht im Zelt wohnt.
- Wickeltisch: Jedes Bett oder der Boden mit einer weichen Unterlage tun es auch. Vorteil: Man muss sich keine Gedanken ums Runterfallen machen.
- Babybadewanne: Ein Waschbecken ist von der Größe her optimal und auch rückenschonender für die Eltern. Später gibt es auch eine Sitzhilfe für die Badewanne, die ich persönlich praktischer finde.
- Kapuzenhandtücher: Schön, aber ein normales Handtuch tut es auch.
- Badethermometer: Einmal mit der Hand ins Wasser gehen und überlegen, ob es zu heiß oder kalt ist, ist ausreichend. Es braucht keine exakte Gradangabe.
- Babynagelschere: Wer sich nicht ganz ungeschickt anstellt, kann eine normale Nagelschere verwenden.
- Wickeltasche: Ich nehme einen Jutebeutel. Im Drogeriemarkt gibt es für wenig Geld Taschen, die sich sehr klein falten lassen und mit Klettband an den Kinderwagen montiert werden können.
- Spezielle Thermoskanne: Diejenigen, die nicht stillen, benötigen abgekochtes, warmes Wasser, wenn sie unterwegs sind. Die handelsübliche Thermoskanne, die du wahrscheinlich schon zu Hause hast, ist dafür absolut ausreichend.
- Babyphone: Wenn das Baby im elterlichen Schlafzimmer übernachtet, wird erst mal kein Babyphone benötigt. Tagesüber hört man das Baby ziemlich sicher, wenn es aufwacht und Hunger hat.

Kuschelhormon trifft Statussymbol Kind

Es gibt noch eine weitere Erklärung, wieso Schwangere nur allzu gerne dem Nestbau-Shoppingrausch verfallen: Der Körper produziert in der Schwangerschaft und nach der Geburt vermehrt Oxytocin. Dieses Kuschelhormon versetzt Frauen in einen emotionalen Ausnahmezustand. Dadurch verlieren sie natürlich nicht ihren Verstand, aber sie greifen eher zu Produkten, die Sicherheit versprechen. Das hat die Industrie erkannt und werdende Mütter als lukrative Zielgruppe ausgemacht.

Doch sind verängstigte Eltern tatsächlich nur hilflose Opfer böser Vermarktungstricks? Dazu spreche ich mit Dr. Hans-Georg Häusel. Er ist Vordenker im Neuromarketing und zählt international zu den führenden Hirnforschungs-Experten für Marketing, Verkauf und Management. Er kann mir das pränatale Kaufrausch-Phänomen sicher näher erläutern.

»Mit der Schwangerschaft machen Frauen eine starke Veränderung ihrer Nervenbotenstoffe durch.« Diese braucht man auch zum einen für die Schwangerschaft und zum anderen natürlich auch nach der Geburt. Denn seien wir mal ehrlich, es ist schon erstaunlich, dass man diesen blutigen, mit Schleim überzogenen Winzling, der da aus einem herauskommt, sieht und nicht nur sehr schön findet, sondern ihn auch auf der Stelle total lieb hat. Klappt diese hormonelle Umstellung nicht, kommt es zu Situationen, in denen Frauen ihr Kind in den Mülleimer werfen oder weggeben. Sie haben keinen Bezug zu dem Kind. »Die Fürsorge, die wir durch das Hormon erhalten, ist von Mutter Natur so vorgesehen. Wir wollen nur das Beste für unser Kind. Es soll genug zum Essen und einen warmen Platz haben.«

So weit, so sinnvoll. Wir leben jedoch in einer Konsumgesellschaft. Da wird die Geburt eines Kindes zelebriert wie woanders die heilige Kuh. Früher geschah das Kinderkriegen oft nebenher. Alles nahm weiterhin seinen gewohnten Gang und die Rollen waren klar verteilt. Früher spielten die Söhne und Töchter auf der Straße und in Wäldern und erzogen sich quasi selbst. Im Vergleich zu damals wird heute eine völlig andere Art der emotionalen Bindung aufgebaut. Kinder sind für uns nichts Selbstverständliches mehr, sondern wir machen sie zu unseren kleinen Fetischen. Sind die Kinder erst mal da, wollen Eltern nur das Beste für sie. Sie kaufen eine Kinderzimmereinrichtung im Wert eines Kleinwagens und ab sofort nichts mehr, dessen Verpackung nicht mindestens ein kleiner Bio-Klebezettel schmückt. Wir messen unseren Besitztümern sehr viel Wert bei. Zu viel. Welchen Zweck hat Besitz eigentlich?

»In unserem Gehirn ist gleichzeitig ein Belohnungssystem unterwegs, das immer nach mehr schreit. Wir wollen für unser Kind nur das Beste.« So kauft man mehr und mehr und am Ende ist nicht nur das Wohnzimmer mit unserem eigenen Schrott voll, sondern das Kinderzimmer ereilt das gleiche Schicksal. Jeder Kauf wird im Belohnungssystem registriert und mit einem kurzen, aber sehr zufriedenstellenden »Bing« gewürdigt. Das Belohnungssystem ist nämlich leider nur auf einen kurzen Moment der Freude ausgelegt. Das ist ein richtiger Teufelskreislauf: Man kauft etwas, »Bing«, Kind lacht, »Bing«, die Freude lässt nach, »Mööp«. Man kauft etwas anderes, »Bing«, Kind lacht »Bing«. Und so weiter. Bis der Geldbeutel leer ist und die Wohnung voll. Dann hört man nur noch »Autsch«, wenn man mal wieder auf einen der 100 Legosteine getreten ist.

Dr. Häusel betont, dass Oxytocin den Eltern nicht sagt, kaufe dem Kind 20 Barbiepuppen. Sein Zweck ist es, die Mutter dafür sorgen zu lassen, dass es dem Kind gut geht. »Jedoch wissen wir in der heutigen Zeit oft nicht mehr, was gut eigentlich ist. Wir orientieren uns an der Gesellschaft und kaufen das, was uns vorgegeben wird.« Viele Produkte kaufen wir dabei oft nicht nur für uns selbst, sondern auch für unsere Nachbarn. Statussymbole sind so alt wie die Menschheit und der SUV vor der Tür ist wie eine blechgewordene Vergrößerung des eigenen Selbst. Wir alle stehen in neiderfüllten Vergleichsbeziehungen zu anderen und wir alle streben nach sozialer Anerkennung. Prestige wird dem gezollt, der mächtig ist. Mächtig in der kapitalistischen Gesellschaft ist, wer viel besitzt. »Es geht also nicht nur darum, dass das Kind warm ist, sondern es braucht eine Marken-Jacke. So werden sie zu kleinen Christbäumen unserer Eitelkeit.«

Wie stark so etwas ausgeprägt ist, hängt natürlich immer davon ab, in welchem sozialen Milieu man sich befindet. Das Kind ist Teil von uns und wird entsprechend unserem angeberischen eigenen Lifestyle ausstaffiert. Gut und schön ist gesellschaftlich geprägt. Früher war es eine Wiege und ein Wollpulli, heute sind es der Luxus-Kinderwagen und das topausgestattete Kinderzimmer für den perfekten Instagram-Post.

Ich fühle mich schlecht. Schließlich habe ich auch den Markenkinderwagen gekauft und möchte, dass das Zimmer meines Kindes hübsch aussieht. Aus meiner selbstreflektierten Sicht würde ich sagen, ich mache das für mich. Nicht für die anderen. Aber die gefühlte Wirklichkeit entspricht nicht immer den tatsächlichen Gründen. Die Skills des Kinderwagens werde ich nicht wirklich ausnutzen. Das weiß ich jetzt schon, denn ich gehe nicht mal gerne spazieren. Es wäre außerdem eine Lüge, wenn ich sage, dass mir schon ein, zwei Posts von der Kinderzimmereinrichtung vorschweben. Doch was kann ich anders machen? Ein trauriger, kühler Raum mit weißer Raufasertapete, einer 80-cm-Matratze und einem Kuscheltier, das bereits seit fünf Generationen weitergereicht wird?

»Da gibt es so eine Art Elchtest in unserem Gehirn. Man lebt asketisch und verzichtet auf alles. Das zieht sich in der Philosophie durch die gesamte Geschichte. Ich glaube nach Aristoteles, die Wahrheit liegt immer dazwischen. Es spricht nichts dagegen, sich eine kleine Freude zu machen, indem man etwas kauft. Wenn man sich jedoch dem Lust- und Stimulanz-System rückhaltlos hingibt, hat man genauso wenig davon, wie wenn man in völliger Askese lebt.« Hinzu kommt, dass Kinder genauso wenig davon haben, wenn sie mit einem Berg von Spielzeug überschüttet werden, der dem Matterhorn gleicht. »Kinder sind leicht ablenkbar. Das Belohnungs- und Stimulans-System der Neugierde nimmt in den ersten Jahren dramatisch an Fahrt auf. Das brauchen sie auch, damit sie schnell neue Fähigkeiten aufbauen können.« Jeder kennt das: Bietet man einem Kind etwas Neues, Unbekanntes an, dann ist es sofort dabei und probiert den neuen Gimmick mit viel Faszination aus. Schüttet man es allerdings mit Anreizen zu, entsteht der gegenteilige Effekt. Das Kind verliert den Fokus und hat keine Möglichkeit zu lernen, wie man Konzentration aufbaut und auch aufrechterhält. Es ist noch nicht in der Lage, sich in Ruhe mit einer Sache auseinanderzusetzen und die anderen, genauso interessanten Gegenstände auszublenden, um sich dann später mit ihnen zu beschäftigen.

Neurologisch betrachtet gibt es immer zwei Seiten: auf der einen das Belohnungssystem, das fortwährend »mehr« schreit, und auf der anderen Seite das Unlust-, Bestrafungs- und Schmerzsystem. Dieser Gegenspieler gleicht den anderen nicht etwa aus, sondern sorgt dafür, dass wir unsere Angst befriedigen. Das sind die beiden Grundmechanismen des Konsums. Da kommen der feuerfeste Strampelanzug und der Teddybär mit Sauerstoffmessung gerade recht.

Stifter des Glücks oder Quelle von Angst?

Ein bei Eltern sehr beliebtes Produkt ist zum Beispiel ein Babyphone, mit dem man sein Kind nicht nur hören, sondern auch sehen kann. Dank einer Videokamera mit Nachtsichtmodus lässt sich der kleine Mitbewohner auch vom Sofa aus überwachen. Die mit Sensoren ausgestatteten Matten unter der Matratze schlagen Alarm, wenn die Atmung aussetzt. Ein »Schutzengel im Kinderzimmer« für schlappe 289,99 Euro.

Hier begegnet man jener Industrie, die aus der Verunsicherung von Müttern und Vätern Kapital schlägt. Atemstillstand, Überhitzung, plötzlicher Kindstod – mit solchen Schlagworten schüren Verkäufer gezielt Panik bei den Eltern. Denn nur wer Angst hat, gibt Geld für Produkte aus, die vermeintliche Sicherheit versprechen. Groteskerweise ist die Anzahl der plötzlichen Kindstode seit den 1990er-Jahren um fast 90 % zurückgegangen, die Palette der angebotenen Produkte hingegen ist um ein Vielfaches gestiegen.

80 Produkte umfasst allein die Erstausstattungsliste eines bekannten Fachhändlers. 80!!! Da haben wir sie wieder, die magische Zahl.

Unendlich viel und nichts zugleich. Diese Zahl scheint mich zu verfolgen. Wie viel braucht ein Baby überhaupt? Oder besser, wie viel meint man als junge Eltern brauchen zu müssen?

Man kauft zum einen, um das Kind und sich selbst zu belohnen, und zum anderen aus Sorge. Da braucht ein Babyausstattungsverkäufer nicht mehr viel Geschick, um ahnungslose Eltern davon zu überzeugen, dass der Autositz mit Stiftung-Warentest-Note 1,9 empfehlenswerter ist als das andere Modell aus dem letzten Jahr, das lediglich mit 2,0 bewertet wurde. Über die 300 Euro Preisunterschied muss da natürlich gar nicht mehr gesprochen werden. Wer will schließlich dafür verantwortlich sein, wenn im Falle des Falles etwas passiert? Das ist nicht nur nachvollziehbar, sondern mathematisch gesehen auch logisch. Würde man sich die Mühe machen, alle Testberichte zu vergleichen, käme man sicher schnell zum Ergebnis, dass der Sicherheitsaspekt von allen Sitzen gut ist. Doch solange man nicht beim technischen Prüfdienst arbeitet oder eine wissenschaftliche Arbeit über die Qualität der angebotenen Autositze schreibt, macht man das natürlich nicht. Denn mal ehrlich: Ein bisschen Schicksal und Glück gehören immer dazu. Ich wähle mein Auto schließlich auch nicht nach irgendwelchen Sicherheitstestergebnissen aus, sondern primär nach Aussehen und Preis-Leistungs-Verhältnis. Wenn es jedoch um meine kleine Mini-Me geht, erwische ich mich dabei, dass ich plötzlich nichts mehr dem Zufall überlassen kann. Ich vertraue auf die Beratung der Verkäufer und tendiere in meiner Ahnungslosigkeit zum besser bewerteten Sitz. Dass das völlig grotesk ist, da das Kind am Ende in einem klapprigen kleinen Auto sitzt, das nach den vielen Jahren und Pannen auf jeder Seite eine andersfarbige Lackierung aufweist, blende ich aus.

»Bei unseren eigenen Kindern ist das Sorgesystem relativ leicht ansprechbar. Hinzu kommt, dass sich die Gesellschaft dahin gehend auch geändert hat. Durch das Internet werden wir mit immer mehr Gefahren konfrontiert, die sich weltweit abspielen. Als Mutter reagiert man darauf und kauft, um die Angst und die Sorge wegzunehmen.« Dieser überfürsorgliche Umgang mit Kindern in der westlichen Welt wird sicher weiter zunehmen, genauso wie das Fetischisieren unserer kleinen Wonneproppen, erklärt mir Hans-Georg Häusel.

Dabei sei ein Gegentrend, wie der Minimalismus, so wichtig: »Man sollte Stopp schreien und sagen: Denkt darüber nach, was ihr tut, und rennt nicht wie Lemminge den großen Lustversprechen hinterher.«

Wahres Glück liegt nicht in mehr Konsum

Ein guter Tipp, den ich aus dem Gespräch mit Dr. Häusel mitnehme: Frage dich häufiger, was du wirklich brauchst, um glücklich zu sein. Glück bekommt man nicht dadurch, indem man noch mehr konsumiert nach dem Motto: »Wenn ich kaufe, bin ich glücklich.« Das würde im Umkehrschluss bedeuten, dass du grundsätzlich nicht glücklich bist. Versuche daher, mehr auf das eigene Bauchgefühl zu hören und dich im Moment des Kaufes zu fragen: Brauche ich das wirklich oder ist es gerade nur ein Versuch, für einen kurzen Moment glücklicher zu sein? Wenn Letzteres zutrifft, dann liegt die Lösung darin, herauszufinden, was zu dieser Schieflage geführt hat, und nicht darin, sich mit neuen Dingen zuzuschütten. Was macht dich glücklich? Ein schöner Abend mit Freunden und gutem Essen? Oder endlich mal wieder Zeit mit der Familie zu verbringen? Es gibt unzählige Dinge, die mir an dieser Stelle einfallen. Eins haben sie jedoch gemeinsam: Man kann sie nicht mit der EC-Karte bezahlen. Wenn du nicht so viel konsumierst, kannst du dich auch besser auf deine einzelnen Besitztümer fokussieren und dich länger darüber freuen.

Mit dem Anstieg unserer Konsumlust nimmt der Anteil der Antidepressiva überproportional zu. Auf der einen Seite bringt das, was wir konsumieren, nur begrenzte Lust, die schnell weg ist. Auf der anderen Seite wollen wir immer mehr und um dieses Immermehr zu haben, lassen wir uns ausbeuten. Kurz gesagt: Die Welt wird immer schneller, wir arbeiten immer mehr und verlieren immer mehr die Kontrolle über unser Leben. Dafür zahlen wir den Preis: Wir machen Karriere, setzen uns unter Druck, um ausreichend zu verdienen, sodass wir unseren Lebensstandard halten können. Es kommt mir fast vor wie bei

Kleinkindern, die zu viel Spielzeug haben und sich nicht mehr auf das einzelne fokussieren können. »Wir sind in einem Wettbewerb, der uns in einer gnadenlosen Spirale nach oben zwingt. Das erzeugt ungeheuren Stress. Wir haben zwar mehr Lust, aber dieser Stress ist eine Art kollektives Burnout, dass sich in depressiven Bewegungen einer ganzen Gesellschaft widerspiegelt.«

Vielmehr sollte man sich die Frage stellen, wo das wahre Glück stattfindet. Findet es nur in der Steigerung statt? Sicher nicht. Hört man auf Aristoteles, ist das Rezept für ein gelingendes Leben, es nicht zu übertreiben und immer schön in der Mitte zu bleiben.

In unsere Welt übersetzt heißt das, nicht jede Karrierechance mitzunehmen und auch nicht jeden Konsumtrend. Sondern, so sagt es Dr. Häusel, sich häufiger mal die Frage zu stellen, ob man dieses oder jenes wirklich braucht. »Aus dieser Reflexion fällt es leichter, auf das eine oder andere zu verzichten und aus der Spirale rauszugehen.« Denn ein vernünftiges, zufriedenes Leben findet in der Mitte statt. Dabei sollte man unterscheiden zwischen hemmungsloser Lust auf der einen Seite und ständiger Restriktion und Selbstkontrolle auf der anderen Seite. Wie so häufig gibt es also auch hier einen Mittelweg. Ich nehme mir vor, mich ganz bewusst nicht jedem Kaufimpuls hinzugeben und bis zur Geburt tatsächlich nur das Nötigste zu besorgen.

Minimalismus-Hacks

- Konsum ist kein Lückenfüller: Versuche, mehr auf dein eigenes Bauchgefühl zu hören. Im Moment des Kaufes frage dich, ob du es wirklich benötigst oder ob es gerade nur ein Versuch ist, für einen kurzen Moment glücklicher zu sein.
- Zeit statt Zeug: Schenke dir und deinen Liebsten Zeit statt Dinge. Deine Zeit ist das Kostbarste, das du hast, und schöne Erinnerungen sind besser als neue Staubfänger.
- Die Mitte finden: Versuche, die Mitte zwischen asketischem Verzicht und völliger Konsumlust zu finden, denn weder das eine noch das andere tut dir gut.
- Dem Besitz nicht zu großen Wert beimessen: Es geht nicht um die Summe der Besitztümer. Wir alle besitzen Dinge, mit denen wir emotional verbunden sind. Wichtig ist, dass du dich nicht von deinem Besitz einnehmen lässt, sodass er belastet und Zeit raubt.

SCHWANGERSCHAFT:

WIE VIEL KONTROLLE IST GENUG?

Ein C, ein T und ein G. CTG – steht für Cardiotograf. Mein persönliches Schimpfwort des Jahres, dabei haben wir gerade erst Juni. Ein CTG, umgangssprachlich auch Wehenschreiber, ist so ziemlich die langweiligste Veranstaltung zu Ende einer Schwangerschaft. Man liegt täglich für eine gefühlte Ewigkeit rum und lauscht verstörenden Geräuschen. Sie erinnern mich an das Rufen des Ungeheuers einer Parallelwelt aus der Serie »Stranger Things«. Während man so daliegt, kann man zum Glück ein bisschen in der neuen Brigitte blättern und die Geräuschkulisse ausblenden. Wenn ich auf die letzten 40 Wochen zurückblicke, fällt mir auf, dass ich in der Schwangerschaft in der Summe häufiger beim Arzt war als zuvor in meinem bisherigen Leben. Man kann an dieser Stelle hinzufügen, dass ich eine völlig unkomplizierte Schwangerschaft hatte und unter 35 Jahre alt bin. Ab dann gilt man nämlich als Risikoschwangere.

Schon beim Feststellen der Gestation, um es medizinisch korrekt zu formulieren (für alle, denen das nicht so geläufig ist: der Schwangerschaft), wurden mir diverse Zusatzuntersuchungen offeriert. Von der Ultraschallflatrate bis zum Bluttest auf das Down-Syndrom. Die Krankenkassen übernehmen diese und viele weitere Zusatzuntersuchungen nicht. Also darf man sie selbst zahlen oder man verzichtet einfach darauf. Solche zusätzlichen Check-ups werden in manchen Fällen empfohlen, in anderen auch nicht. Als ich die Liste zum ersten Mal in den Händen hielt, kam in mir ein Gefühl der Unsicherheit hoch. Ich habe kein Fachwissen, aber ich schloss aus der Masse an möglichen weiteren Untersuchungen, dass diese sicher eine Daseinsberechtigung hätten. Sie würden wohl kaum existieren, wenn sie nicht in irgendeiner Weise empfohlen würden. Nun stand ich vor zwei Toren. Doch welches von ihnen nehme ich? Ist es Tor eins: »Es wird schon alles gut gehen«, ich verlasse mich auf mein Urvertrauen und das positive Grundgefühl? Oder aber Tor zwei mit der Aufschrift: »Nummer sicher«, ich gehe lieber den risikoarmen Weg und gebe ein paar Euro mehr aus, um zu wissen, dass wirklich alles in Ordnung ist? Oder eben nicht in Ordnung. Das wäre dann der Zong. Und dafür habe ich momentan keinen Plan parat.

Ich bin mit einer gewissen Naivität an das Thema Kinderkriegen rangegangen. Frauen gebären schließlich seit Tausenden von Jahren Nachkommen. Frauen, die heute schwanger werden, könnten angesichts der Vielzahl an angebotenen medizinischen Untersuchungen den Eindruck bekommen, die Schwangerschaft sei eher eine Krankheit als ein natürlicher Prozess. Was daraus resultiert, ist Verunsicherung.

Ursprünglich hatte ich meine Kreuze auf dem Zettel für mehr Ruhe und Sicherheit gemacht. Der gegenteilige Effekt ist jedoch eingetreten. Statt mich zu freuen und die Schwangerschaft vorbeiziehen zu lassen, hoffte ich bei jedem Arztbesuch, dass schon alles gut sein würde. Es fühlte sich so an, als hätte ich mein Urvertrauen für dieses natürliche Lebensereignis mit der Unterschrift auf dem Zettel abgegeben.

Laut einer Studie der Bertelsmann Stiftung aus dem Jahr 2015 nehmen fast alle Schwangeren Vorsorgemaßnahmen in Anspruch, die eigentlich gar nicht vorgesehen sind. 97 % der Frauen werden routinemäßig an Wehenschreiber angeschlossen. Ich bin überrascht, als ich höre, dass diese Untersuchung nur bei einem auffälligen Befund empfohlen wird. Ärzte und Hebammen können es jedes Mal abrechnen. Das Fazit der Studie: Werdende Mütter in Deutschland sind »überversorgt«. Schwangerschaft und Geburt, schreiben die Autorinnen, sind kein natürliches Lebensereignis mehr, sondern ein wirtschaftliches Event. »Die Frauenärzte gehören zu einer Berufsgruppe, die relativ viele individuelle Gesundheitsleistungen abrechnen. Sie begründen es damit, dass man dadurch schon frühzeitig Erkrankungen oder mögliche Komplikationen erkennen kann«, erklärt mir Frau Prof. Dr. Kolip. Sie ist eine der beiden Autorinnen der Studie. »Wir haben in Deutschland ein relativ gutes System, nach dem entschieden wird, was die Krankenkassen bezahlen. Dazu gehört, dass die Wirksamkeit einer Intervention nachgewiesen sein muss.« Die gesetzlichen Krankenkassen sind also nicht einfach knauserig mit der Bezahlung, sondern es ist ziemlich genau geregelt, welche Untersuchungen in welchen Fällen sinnvoll sind und welche eher nicht. »Grundsätzlich ist man mit den Untersuchungen im Leistungskatalog der Krankenkassen auf der sicheren Seite.«

Mit Aufklärung zurück zu mehr Urvertrauen

Länder wie die Niederlande haben ihr geburtshilfliches Versorgungssystem vorgeburtlich anders aufgebaut. »Die Hebamme ist hier die erste Anlaufstelle und die Frauen kommen nur dann in das medizinische System, wenn es Auffälligkeiten gibt.« Im Vergleich zu Deutschland gibt es dort deutlich niedrigere Kaiserschnittraten.

Eine sehr gute Empfehlung, die ich aus diesem Gespräch mitnehme, ist, möglichst früh eine Hebamme aufzusuchen und sie in die Begleitung der Schwangerschaft einzubinden. »Hier handelt es sich um eine Berufsgruppe, die noch mal stärker auf die Ressourcen von Frauen schaut.« Diese Leistung wird von den gesetzlichen Krankenkassen übernommen. Allerdings arbeiten Gynäkologen dagegen, da ihnen dadurch eine attraktive Patientengruppe verloren geht und sie Hebammen nicht für qualifiziert genug halten. »Frauen können sich zudem bei Verbraucherzentralen oder ähnlichen Stellen informieren, was medizinisch wirklich notwendig ist.«

Was fehlt, ist Aufklärung. Fragt man die Frauenärzte, können manche Zusatztests medizinisch durchaus sinnvoll sein. Es ist richtig, dass viele Schwangere heute mehr diagnostische Leistungen erhalten als in den Richtlinien vorgesehen. Das liegt jedoch, wie im Fall des Ultraschalls, zum einen an den Wünschen der werdenden Eltern. Zum anderen übernähmen die Kassen bestimmte sinnvolle Maßnahmen bisher nicht, weil sie diese nicht als wirtschaftlich lohnend erachten. Der Berufsverband der Frauenärzte weist zudem darauf hin, dass die Sterblichkeit von Babys vor oder kurz nach der Geburt heute fast um einen Faktor zehn geringer ist als noch in den 50er-Jahren. Die engere Überwachung bringt also einen nachweislichen Nutzen.

Gerade bei der ersten Schwangerschaft ist man häufig schnell verunsichert und als Laie einfach nicht in der Lage, die Dinge selbst ausreichend zu beurteilen. Darum ist es noch mal wichtiger, dass man eine gute Beratung von der Person seines Vertrauens bekommt. Ob das nun die Hebamme ist oder der Frauenarzt. »Die Beratungsnotwendigkeit, die eigentlich Standard sein sollte, ist noch nicht etabliert. Als mündige Schwangere sollten Sie stärker in die Situation gebracht werden, entscheiden zu können, ob Sie eine Untersuchung wollen oder nicht.«

Ich versuche, mich dem Kontrollwahn nicht völlig hinzugeben und wieder mehr darauf zu vertrauen, dass es schon gut geht. Ein Kind abtreiben, nur weil es das Down-Syndrom haben könnte? Für mich völlig ausgeschlossen. Das macht diesen zusätzlichen Test schon mal überflüssig. Ich bespreche mit meinem Gynäkologen, welche Zusatzuntersuchungen er wirklich empfiehlt, und vertraue darauf, sinnvoll beraten zu werden. Ich bin keinesfalls gegen wichtige Untersuchungen, die es ermöglichen, frühzeitig einzugreifen, bevor es dem Baby schlecht geht oder es gar stirbt. Es ist mir jedoch wichtig, die Schwangerschaft nicht völlig angsterfüllt passieren zu lassen. Ich möchte nicht vor der Geburt stehen und in dem Gedanken gefangen sein, was alles schiefgehen könnte.

»Birthplan« für die Geburt?

Geburt und Plan – im ersten Moment scheint das ein Widerspruch in sich zu sein. Eine Geburt ist so unberechenbar wie kaum etwas anderes. Für mich ist der sogenannte »birthplan« ein Tool für Kontrollfreaks, die Überraschungen aus dem Gleis werfen wie schlecht zusammengesteckte Schienen den Lego-Zug.

Schon Wochen vorher wird alles perfekt durchgeplant. Man kann entscheiden, ob es lieber eine Wassergeburt sein soll oder welcher Playlist man in der Stunde des Glücks lauschen möchte. Was aber, wenn es dann am Ende nicht so läuft, wie die Schwangere es aufgeschrieben hat? Die Wahrscheinlichkeit ist ziemlich hoch, denn gerade bei der Geburt des ersten Kindes hat man natürlich keine Ahnung, was da auf einen zukommt. Man kann quasi nur enttäuscht werden.

»Wie stellen Sie sich den Ablauf der Geburt vor?« Auf diese Frage war ich bereits vorbereitet, als ich im Krankenhaus auf dem hölzernen Stuhl mit schwarz lackierten Stahlrohrbeinen Platz nehme. Um diese und weitere überflüssige Fragen zu überspringen, antworte ich schlicht »Machen Sie mal ein Kreuz bei der PDA. Der Rest kann kommen, wie er eben kommt.« Nach einer Playlist wird im fortlaufenden Gespräch nicht mehr gefragt. Ich bin davon überzeugt, wenn ich keine besonderen Erwartungen habe, kann ich auch nicht enttäuscht werden. Eine Geburt ist ein natürliches Ereignis und sollte es auch bleiben. Ich bin schließlich nicht die erste Frau, die ein Kind zur Welt bringt. Außerdem kann ich mir nicht vorstellen, dass der Kopf von Klein-Marta bei Led Zeppelin schneller zum Vorschein kommt als bei U2. Wenn man beschließt, ein Kind zu bekommen, muss man mit dem Gedanken klarkommen, dass nicht immer alles 100 %ig nach Plan läuft. Ein Baby ist kein Produkt, das man im Supermarkt kauft und bei Nichtgefallen umtauscht.

Nach Frau Dr. Kolip kann ein Geburtsplan aber auch ein Weg sein, sich mit der Geburt auseinanderzusetzen und zu überlegen, was einem wichtig ist. Eine Geburt ist eine existenzielle Erfahrung. »Es gibt internationale Studien, die sagen, dass ein ›Birthplan‹ durchaus hilft. Unter der Geburt sind Frauen aus guten Gründen ein bisschen entrückt. Sie können viele Dinge dann nicht mehr entscheiden.« Mit diesem Plan gibt man der Person, die einen betreut, vorab etwas an die Hand, in dem niedergeschrieben ist, was man gerne möchte und was nicht. »Das finde ich erst mal nicht verkehrt, im Vorfeld die Bedürfnisse der Mutter zu erfassen.« Auch wenn man sich am Ende nicht 100%ig daran halten kann, weil die Umstände in der Situation der Geburt andere sind. Eine Geburt ist wie ein Marathon und auf diesen bereitet man sich auch vor.

Auch hier scheint es wieder eine Art Mittelweg zu geben. Nutzt man den Geburtsplan als eine Art Orientierungs- und Entscheidungshilfe, kann man sich vorab bewusst machen, was einem wichtig ist. Frauen, die nicht genau wissen, was sie wollen, geben unbewusst die Verantwortung an die Geburtshelfenden ab und sind hinterher nicht selten enttäuscht, wie es gelaufen ist.

Minimalismus-Hacks

- Höre in dich hinein: So kannst du herausfinden, was dir grundsätzlich wichtig ist. Hierbei spielt eine gute Beratung eine große Rolle und schützt in den meisten Fällen vor unnötigen medizinischen Leistungen.
- Übe dich in Achtsamkeit: So ist es möglich, in der Ausnahmesituation Geburt zu entscheiden, was der eigene Körper in diesem Moment braucht. Achtsamkeit umfasst eine Vielzahl von Techniken und Übungen wie zum Beispiel die Sitz- und Gehmeditation, Übungen zur Körperwahrnehmung und Atemübungen.
- Vertrauen: Blicke dem Tag der Geburt mit einer positiven Grundhaltung entgegen und vertrauen deinem Körper.

WARUM ICH KEINE PERFEKTE MAMA SEIN WILL

Ich finde Babys nicht gerade süß. Manche Exemplare sind besonders unschön, andere gehen als okay durch. Beim Anblick eines Tierbabys hingegen geht mir, trotz Tierhaarallergie, mein Herz auf. Ich muss direkt ein Geräusch von mir geben, um meine Freude herauszulassen. Ahhh … Ohhh ... Ich frage mich, wieso der liebe Gott die Menschenbabys nicht ein bisschen schöner designt hat. Das darf man natürlich nicht öffentlich sagen. Die Leute würden denken, in mir steckt ein kleiner Misanthrop oder eine Psychopathin.

Da ich bereits vor der Geburt meines eigenen Kindes ein paar andere Säuglinge gesehen hatte, wusste ich, wie es um mich steht. Ich war also vorbereitet auf den Moment, in dem mir mein Junges übergeben wurde, und ich fand: »Ist halt ein Baby.« Was jedoch in den Tagen, Wochen und Monaten danach so passieren würde, darauf konnte ich mich nicht vorbereiten. Irgendwie hat meine Vorstellungskraft nur bis zum Moment der Niederkunft gereicht. Wenn man es erst mal geschafft hat, ein drei bis vier Kilogramm schweres Baby aus sich herauszudrücken, was soll dann noch Verblüffendes passieren?

Am Beispiel Heidi Klum und einiger anderer, weniger bekannter Mütter meiner Instagram-Timeline sehe ich die perfekte, immer top gestylte Mutter, die stets die Ruhe bewahrt und lächelt. Deren kleinen Mini-Mes weinen nicht, wachen nachts nicht auf und schlafen vom ersten Tag an durch. Das ganze Leben einer Mutter scheint wie ein Spaziergang. Man hat ein bis drei Jahre Elternpause, muss sich nicht mehr mit dem nervenden Kollegen rumärgern und kann stattdessen in Ruhe daheim frische Marktblumen aufstellen und fleißig Cupcakes backen.

Doch dann kommt der Moment, in dem die Realität zuschlägt. Wie ein Kater am nächsten Morgen nach fünf Gin Tonic und zehn Kurzen. Ich finde mich im Wochenbett wieder und merke: Oh, oh … eigentlich ist das alles ganz anders, als ich mir es vorgestellt habe. Plötzlich sind da so viel Verantwortung, Unsicherheit und Angst, etwas falsch zu machen. Zu meiner Linken sehe ich Toby, der während der Geburt nichts Besseres zu tun hatte, als den Kicker zu lesen, und später, zu meiner Rechten, Marta, die die gesamte Nacht durchschreit. Schon nach wenigen Stunden wird mir klar, aus der Nummer komme ich jetzt nicht mehr raus. Besonders lange kann ich über meine Fluchtpläne nicht nachdenken, denn da steht bereits die ganze Sippschaft auf der Matte, um den neuen Menschen zu begutachten.

Fünf Tipps für ein ruhiges Wochenbett

1. Vorräte anlegen: In dieser Zeit wirst du eher nicht zum entspannten Kochen kommen. Gerade in der Stillzeit ist aber eine gesunde und ausgewogene Ernährung wichtig. Daher empfiehlt es sich, ein paar Gerichte vorzukochen und einzufrieren.
2. Zeit: Die Versuchung ist groß, gleich wieder loszulegen, schließlich ist man nicht krank. Aber man braucht Zeit, um sich aneinander zu gewöhnen, und der Körper muss sich von Schwangerschaft und Geburt erholen. Hier sind Geduld und Ruhe gefragt, damit es mit dem Stillen klappt. Und auch emotional gibt es einiges zu verarbeiten.
3. Verschnaufpausen gönnen: Das Baby steht kurz nach der Geburt natürlich im Mittelpunkt. Falls es noch ein Geschwisterkind gibt, fordert dieses die volle Aufmerksamkeit von Mama, wenn das Baby schläft. Es ist eine anstrengende Zeit für alle. Deshalb ist es umso wichtiger, dass du dich in der kurzen freien Zeit nicht um den Haushalt kümmerst, sondern bewusst etwas machst, was dir guttut und bei dem du Kraft tanken kannst.
4. Hilfe annehmen: aufräumen, putzen, waschen, einkaufen – das alles sollte in den ersten Wochen nicht zu deinen Aufgaben gehören. Nicht warten, bis dir alles über den Kopf wächst, sondern bestenfalls bereits vor der Geburt Unterstützung suchen. Falls in der Verwandtschaft oder im Freundeskreis niemand die Möglichkeit hat, ist es sinnvoll, für einige Zeit eine Haushaltshilfe zu engagieren.
5. Flugmodus: Natürlich möchten alle das Baby so schnell wie möglich kennenlernen oder ein Foto geschickt bekommen. Das muss aber nicht unmittelbar nach der Geburt geschehen und während des Wochenbetts kann Besuch sehr anstrengend sein. Es ist völlig in Ordnung, auch mal ein paar Tage das Handy auszuschalten und sich voll und ganz auf das Ankommen zu konzentrieren.

Ja klar, äh nein, ich mein', jein!

Alle freuen sich tierisch und wollen möglichst zeitnah mal kurz vorbeikommen, weil alle natürlich Babys supersüß finden und es einfach mal auf dem Arm halten wollen. Ich sage zu allen Ja, lächle und meine eigentlich Nein. Zähne zusammenbeißen, noch dieser eine Besuch und dann habe ich es geschafft. Doch es ist nicht geschafft. Es kommen immer mehr Geschenke per Post und der Druck, sich zeitnah und angemessen zu bedanken, steigt mit jeder Whatsapp und der Nachfrage, ob die kleine Aufmerksamkeit denn schon angekommen sei.

Wir haben gefühlte Ewigkeiten auf diesen Tag gewartet, bis wir endlich den winzigen neuen Mitbewohner in unseren Armen halten konnten. Jetzt ist sie da und mit ihr so viele neue Aufgaben, Erwartungen und dieses eine Bild, dem man als Mutter entsprechen muss, weil es die Gesellschaft so erwartet. Ich halte eine Minute lang inne und stelle fest, dass ich es auch selbst von mir erwarte. Vorbei ist nun das Lotterleben, in dem ich samstagnachmittags aufgewacht bin und mit meinem angesammelten Lehrgutpfand unterm Bett den Wocheneinkauf bezahlt habe. Von nun an wollen alle mitreden. Sei es beim Urlaubsziel oder beim Wohnort. Was, ihr wohnt immer noch Stadt? Nein, wir zimmern keine Doppelhaushälfte in die Einöde. Ja, sogar bei der Auswahl eines Sack Kartoffeln kommen noch Kommentare (Stichwort: Bio).

Schuld sind immer die anderen. Und ich, denn ich lasse sie mitreden. Ich will nicht, dass man denkt, ich sei eine schlechte Mutter, weil ich nicht jeden Tag fünf Kilometer mit meinem durchdesignten Hipsterwagen freudestrahlend durch die Natur schlendere. Ich hasse spazieren gehen. Daran hat sich nichts geändert. Deshalb habe ich mich auch für das Kinderwagen-Modell »schnittig und schmal für die U-Bahn« entschieden.

In den mannigfaltigen Abwandlungen diverser Mütterblogs lese ich von ähnlichem Leid. »Wir sind auch nur Menschen und bei uns geht es natürlich auch total chaotisch zu.« Schaue ich mir jedoch das ganze

Outfit dieser Webseiten und die perfekt belichteten Spiegelreflex-Bilder an, komme ich ein wenig ins Stutzen. Ist ja eigentlich auch logisch, wer postet schon ein Bild von seinem schreienden, mit Pipi befleckten Kind? Das will doch keiner sehen. Von außen entsteht das Gefühl, bei mir läuft's nicht so richtig, und ich frage mich, was ich eigentlich verkehrt mache.

Babys im Konkurrenzkampf

Nach ein paar Wochen wage ich mich gezwungenermaßen in die Öffentlichkeit, denn ich bin zu geizig, den PEKiP-Kurs, für den ich mich bereits während der Schwangerschaft angemeldet habe, verfallen zu lassen. Hier finde ich mich plötzlich an einer Kreuzung des Muttersseins wieder, an der ich mich entscheiden muss: Mache ich bei der ganzen Chose mit oder lasse ich es einfach sein? Denn seien wir mal ehrlich, für die Babys macht man diese Kurse nicht. Es ist eher eine Art Event, um neue Bekanntschaften mit Leidensgenossinnen zu schließen. Das finde ich gut und wichtig. Man sollte sehen, dass man nicht die Einzige auf dem Planeten ist mit einem Baby, das auch mal unangenehme Laute von sich gibt. Jedenfalls habe ich diese Hoffnung, als ich die Türschwelle des 37 Grad warmen Raumes betrete.

Alles ist mit Matratzen ausgelegt, es riecht nach esoterischem Öl und es ist unfassbar warm. »Äh ... bitte Schuhe aus« höre ich einen pädagogischen Hinweis von der hinteren Seite der kleinen Babyturnhalle. Ich ziehe die Latschen aus, schmeiße meine Wickeltasche in Form eines Jutebeutels in die Ecke und versuche, nicht weiter aufzufallen. Allein die Wickeltasche reicht jedoch, um mich von der Allgemeinheit abzuheben. Hier sitzen ein paar High-Performance-Mütter, neben denen aufwendig genähte Wickeltäschchen liegen. Kleine Füchse, Eulen und was sonst noch gerade en vogue ist, schmücken die Windelhülle. Meine Nachbarin beginnt, ihr Baby zu wickeln, und packt aus diversen anderen noch kleineren Häkeltäschchen eine Armada von Cremes und anderem Kram aus, den ich zuvor noch nie gesehen habe. Ich denke mir: »Kind, bitte erledige dein Geschäft zu Hause, sodass ich nicht auffliege mit meinem unprofessionellen Equipment.« In solch einer Situation hätte ich in meinem alten Leben über diese spießigen »Dawanda-Mütter« gelacht und gedacht, mein Jutebeutel sieht trotzdem cooler aus. Nun stehe ich da wie Bambi im Scheinwerferlicht und fühle mich erwischt.

Der Kurs beginnt und es gibt erst mal einen Gesprächskreis. Mir fällt schnell auf, dass es vor allem wichtig ist, die Babys miteinander zu vergleichen. Es kommen Themen auf, wie: »Sag mal, kann sich dein Kind eigentlich schon auf den Bauch drehen?« »Also, ich will nicht angeben, aber meiner schläft ja schon durch.« »Meiner ist total lieb und weint nie.« Pustekuchen. Entweder leiden die Mütter hier unter Gedächtnisschwund oder einer ausgeprägten Schizophrenie.

Mommy Wars: Was tun gegen Mütterkriege?

In den nächsten Wochen und Monaten wird mir klar: Der größte Feind einer Mutter ist eine andere Mutter. Es ist unglaublich, wie sehr sich die Frauen gegenseitig unter Druck setzen. Im Netz wird stundenlang ohne Ergebnis debattiert, welche Feuchttücher man verwenden sollte oder ob ein Tragetuch besser sei als der Kinderwagen. Beim Kindergeburtstag geht es am Ende darum, wer den besseren Kuchen gebacken oder die schönere Deko ausgewählt hat. Die Spezies Mama hat ihre subjektive Wahrheit und schafft es, sich gegenseitig total fertigzumachen, weil sie der Überzeugung ist, dass ihre Wahrheit die einzig richtige ist, und dies auch alle anderen Mamas wissen lässt.

In meiner laienhaften Wahrnehmung scheint mir, als würde dabei sehr oft vergessen, wie individuell alles ist. Keine Familie gleicht der anderen. Ich habe bisher in meinem Leben nur wenige Menschen kennengelernt, die dogmatisch Schema F durchziehen und behaupten, nur ihre Ansicht sei richtig und links und rechts davon sei alles falsch. Seitdem ich im Kreise der Mütter verkehre, treffe ich allerdings täglich neue Exemplare davon. Das Schlimme ist, ich erwische mich selbst dabei, zu denken, meine Herangehensweise sei die einzig richtige, und entscheide: So will ich nicht sein. Dieser Imagewettbewerb stresst mich unheimlich und fordert viel Energie.

Ich spreche mit Gerlinde Unverzagt. Sie ist alleinerziehende Mutter von vier Kindern, Autorin und Erziehungsberaterin bei Radio Eins Berlin. »Das ist wie ein Catwalk für Babys. Die Kinder sind heutzutage die Gesellenstücke der Eltern.« Kleine Mini-Mes als Ausweis der elterlichen Fähigkeiten – kann das eine gute Entwicklung sein? »Das eigene Kind soll die perfekte Version von einem selbst sein. So verschwimmt die Grenze zwischen Kind und Eltern. Dadurch verlieren die Kinder ihren Schutzraum und für die Erwachsenen ist es komplett gaga«, erklärt mir die Berlinerin, die sich in ihrem aktuellen Buch »Generation ziemlich beste Freunde« mit den Auswirkungen dieser fehlenden

Grenzen beschäftigt. Früher wollte man der Partner vom Kind sein und heute die beste Freundin. Eltern von Kleinkindern sollten deshalb über ihr Verhalten nachdenken und weiterdenken. »Bei großen Kindern sieht man, wohin das führt, aber mit kleinen Kindern erliegt man völlig diesem Zeitgeist.«

Dieser Vergleich und Konkurrenzkampf wirkt sich also nicht nur auf das Verhalten der Mütter untereinander aus, sondern überträgt sich irgendwann zwangsläufig auf die Kinder. Indem sich die Mütter so stark über die Leistungen und Erfolge beziehungsweise Misserfolge der Kinder definieren, entsteht ein unheimlicher Druck, den die Kleinen früher oder später natürlich wahrnehmen. Eltern sollten nicht danach streben, die besten Freunde ihrer Kinder zu sein. Vielmehr brauchen Kinder eine starke Schulter, die ihnen Sicherheit gibt, indem sie ihnen Grenzen setzt. Nur so können sich Kinder in der Autonomiephase ausprobieren und schauen, wie weit sie es treiben können.

Gegen High-Performance-Mütter ist natürlich nichts einzuwenden. Die können zwar etwas nerven, aber da darf man nicht so streng sein. Wenn das nächste Mal jemand berichtet, was der eigene Nachwuchs schon kann, beschließe ich, gelassener zu reagieren. Die Mama erzählt es vermutlich nicht, um mir eins auszuwischen, sondern sie ist einfach stolz auf ihr Kind und hat das Bedürfnis, es einer anderen Mutter mitzuteilen. Darüber möchte ich mich freuen können. Wir Mütter müssen schließlich zusammenhalten. Niemand sonst kann das, was man gerade durchmacht, besser verstehen als eine Mutter in genau der gleichen Situation. Ich möchte einen weiteren Versuch wagen: In Zukunft werde ich offen ansprechen, was bei uns nicht läuft. Was bringt es mir, eine Fassade aufrechtzuerhalten, nur damit andere denken, es läuft super. Das fühlt sich an wie Instagram im echten Leben. Ich bekomme ein paar Likes und abends gehe ich nach Hause, um festzustellen, dass mein Leben nicht meinen Erwartungen entspricht. Der Grund, warum ich mich mit anderen Menschen treffe, ist, um mich auszutauschen und gute Gespräche zu führen.

#Mommywars – unter diesem Hashtag werden leidige Konkurrenzstreitigkeiten unter Müttern ausgetragen. Vor allem im englischsprachigen Raum tobt ein erbitterter Streit. Zum Beispiel darüber, ob man als Mutter arbeiten darf oder ob das Kind deswegen später anfängt, sich zu ritzen oder was man als Jugendlicher eben sonst so macht, um seine Umwelt über die eigene Existenz zu unterrichten. Um gar nicht erst in die Mommy-War-Falle zu tappen, gibt es einen Weg aus dieser Kommunikationsspirale: Es geht dabei nicht um Angriff, sondern um Verteidigung.

Make love, not war – fünf Tipps gegen Mommy Wars

1. Nicht einmischen: Lieber beiße ich mir die Zunge ab, als meinen gut gemeinten, aber unnötigen Kommentar zur Erziehungsmethode oder Klamottenauswahl einer anderen Mutter beizutragen. Es gilt der einfache Grundsatz: dein Kind, deine Regeln.
2. Klugscheißertum abstellen: Ich bin der Meinung, viel Fachwissen über Durchschlaf-Methoden, Babytrage-Richtungen oder Medienkonsum zu haben. Ich behalte es aber für mich. Ratschläge bekommt nur, wer nachfragt.
3. Nicht beurteilen: Mein eigenes Kind ist auch nicht perfekt. Ich beurteile keine anderen Kinder und ihre Taten.
4. Das Leben ist kein Wettbewerb: Das Leben mit Kindern und allen Nebenbaustellen nimmt genug Zeit in Anspruch. Perfekte Cake-Pops und filigrane Kindergeburtstagstorten braucht kein Mensch. Für Wettbewerbe aller Art fehlt mir die Kraft.
5. Jeder hat seine Gründe: Die eine Mutter stillt nicht, die andere immer noch. Die eine gibt ihrem Baby Bio-Brei auf dem Spielplatz, die andere hat eine Chipstüte dabei. Jeder hat seine Gründe und die sind meistens gut.

Mein Selbstversuch zeigt schon nach kurzer Zeit, dass es anderen Müttern ganz ähnlich geht. Es braucht nur jemanden, der damit beginnt, die Hosen runterzulassen. Durch die offenen und ehrlichen Gespräche erkenne ich, dass ich nicht die Einzige bin, der es so geht, und dass vieles auch völlig normal zu sein scheint. Auch wenn ich nicht sofort eine Lösung für jedes Problem bekomme, geteiltes Leid ist bekanntlich halbes Leid. Anstatt das eigene Kind zur Freundin zu machen, ist es einen Versuch wert, die anderen Mütter in die engere Auswahl zu nehmen.

Die Rushhour des Lebens umfahren

In vielen jungen Familien herrscht das Problem der Zeitnot. Häufig fühlt es sich so an, als befände man sich permanent auf der Überholspur. Wir bekommen immer später Kinder und das hat zur Folge, dass bei vielen zeitlich alles zusammenkommt: Karriere machen, Eigenheim bauen, unabhängig sein. Soziologen nennen das die Rushhour des Lebens.

Hinzu kommt, dass man als Kleinfamilie in der heutigen Zeit nicht selten auf sich selbst gestellt ist. Die Großeltern wohnen häufig weiter weg als nur einen Katzensprung. Oder sie sind bereits zu alt, um regelmäßig auf den Nachwuchs aufzupassen. Im ersten Fall gäbe es die Option, in die Nähe der eigenen Eltern zurückzuziehen. Für wen das aber keine Lösung ist, der ist mit dem modernen Modell Kleinfamilie auf sich allein gestellt.

Es braucht ein Dorf, um ein Kind großzuziehen

Dieses Modell, in dem die Mutter immer präsent ist und Eltern die Kinder allein großziehen, ist nach dem bekannten Schweizer Kinderarzt Remo Largo falsch. Es überfordert Eltern, wenn nur sie allein alle Ansprüche der Kinder erfüllen müssen. Alles muss gelingen: Karriere, Kind, Partnerschaft. Das war bereits in den 1990ern so, seitdem ist der Druck noch gewachsen. Nach Largo benötigen Kinder viele verschiedene erwachsene Bezugspersonen. Der altbekannte Spruch »Es braucht ein Dorf, um ein Kind großzuziehen« hat weiterhin Bestand. Jedoch haben viele junge Eltern heute keine Alternative. Die Familie war in der Geschichte der Menschheit nie eine Insel, auf der die Erziehungsberechtigten ihre Kinder allein aufzogen. Sie war eingebettet in eine Gemeinschaft von bis zu 300 Personen, die eng miteinander vertraut waren und sich gemeinsam um die Kinder kümmerten. Dadurch wurden Eltern entlastet, es gab weitere Bezugspersonen, die als Vorbilder dienten. Wir sind nicht für ein Leben in Kleinfamilie und anonymer Massengesellschaft gemacht.

Largos Idee künftiger Lebensgemeinschaften wären Mehrgenerationenprojekte. Hier wohnen Menschen jeden Alters zusammen und unterstützen sich gegenseitig. Es sollte ein Raum geschaffen werden, in dem sich alle wohlfühlen, einander vertrauen und füreinander Verantwortung übernehmen. Alte Menschen müssten nicht mehr in Heimen vereinsamen und Kinder müssten nicht rund um die Uhr Kitas und Horte besuchen. Das wäre nicht nur für die Familien eine Entlastung, sondern auch für den Staat.

Doch bis sich solche alternativen Modelle durchsetzen, braucht es Zeit. Was können gestresste Kleinfamilien, die Hunderte Kilometer von der Verwandtschaft entfernt wohnen, in der Zwischenzeit tun?

Das soziale Miteinander fördern

Beziehungen zu anderen jungen Familien aufzubauen und sich gegenseitig zu unterstützen ist in dieser Situation eine Lösung. Nur so können wir uns der Spirale aus Erwartungen, eigenen Ansprüchen und gesellschaftlichen Umständen entziehen. Die Unterstützung anderer und die soziale Gemeinschaft sind Möglichkeiten, die Rushhour des Lebens zu umfahren.

Sehr häufig wird von der Vereinbarkeit von Familie und Beruf gesprochen. Der permanente Spagat zwischen Job und Familie macht es schwer, die richtige Balance zu finden. Ständig plagt das schlechte Gewissen, wenn ich eine halbe Stunde später in die Krippe komme oder das vereinbarte Telefonat mit der besten Freundin aus zeitlichen Gründen schon wieder verschieben muss. Die Uhr zeigt weiterhin nur 24 Stunden an und für mich selbst ist die freie Zeit auf gefühlte 24 Sekunden geschrumpft. Doch wie ist es möglich, dem entgegenzuwirken und die Zeit zu entschleunigen?

Es gibt äußere Faktoren, die sich nicht oder nur sehr schwer ändern lassen. Viele Familien können es sich nicht leisten, dass nur einer arbeiten geht, und viele Frauen wollen aus guten Gründen zügig wieder in den Job einsteigen. Für alleinstehende Mütter und Väter gilt oft das Gleiche. In einer solchen Situation braucht man gar nicht erst über Themen wie Teilzeit oder Karrierechancen zu sprechen. Die Vereinbarkeit von Beruf und Familie ist nicht nur für den einzelnen Menschen wichtig, sondern auch für die Gesellschaft. Wenn gut ausgebildete Männer und Frauen wegen der Kinder ihren Beruf aufgeben, ist das in ökonomischer und sozialer Hinsicht ein Verlust.

Über das Märchen von der Vereinbarkeit

In erster Linie sind es die Rahmenbedingungen, die für junge Familien verbessert werden müssen. Moderne Arbeitsmodelle sind für Frauen entscheidend, damit sie das Muttersein und die eigenen beruflichen Ambitionen miteinander vereinbaren können. »Vereinbarkeit« ist kein individuelles Problem, an dem so manche Mütter oder Väter aus persönlicher Unzulänglichkeit drohen zu verzweifeln. 40 % der Mütter von Vorschulkindern leiden an depressiven Verstimmungen. Vereinbarkeit ist ein Trugschluss, denn in den meisten Fällen leiden entweder Job oder Familie unter dem Versuch, beides zu vereinen.

Ein weiterer Punkt ist die gesellschaftliche Akzeptanz. Ich bin bereits nach einem Jahr Elternzeit wieder in Teilzeit arbeiten gegangen. Ich arbeite als Grafikdesignerin in der Softwareentwicklung. Hier handelt es sich um eine sehr schnelllebige Branche. Für mich war es zum einen wichtig, dass ich den Anschluss in meinem Job nicht verliere, und zum anderen, dass ich rauskomme, um mal wieder eine »Pause« vom Muttersein zu haben. Während meiner Arbeitszeit kann ich mich regenerieren. Ich genieße es, mit Kollegen Mittag zu essen, ohne ständig aufpassen zu müssen, dass kein Teller zu Boden fällt oder einer von ihnen mir sein Wasserglas entgegenwirft. Mit neuer Energie freue ich mich dann auf zu Hause. Marta gegenüber kann ich seitdem wieder sehr viel entspannter reagieren als in der Zeit, in der sie gefühlte 24 Stunden täglich wie ein Kängurubaby an mir hing.

Doch ich durfte schnell feststellen, dass ich mit dieser Einstellung bei vielen auf Unverständnis stieß. Sprüche wie »Dafür hat man kein Kind bekommen« waren keine Seltenheit. Auch für Väter ist es häufig in der Außenwahrnehmung schwierig, wenn sie sich entscheiden, Teilzeit zu arbeiten, um sich am Haushalt zu beteiligen und um mehr Zeit mit den Kindern verbringen zu können. Vorausgesetzt, eine Familie kann sich das überhaupt leisten.

Minimalismus im Familienalltag und eine gute Organisation sind wichtig und helfen, das Familienleben etwas zu entspannen. Sie lösen aber die Probleme nicht. In erster Linie ist es wichtig, sich von der Illusion der perfekten Vereinbarkeit zu verabschieden. Eltern werden ständig aufgefordert, sich selbst und ihre Kinder immer weiter zu optimieren. Dadurch entsteht nicht selten der Eindruck, es liege an einem selbst, man müsse sich nur ein bisschen besser organisieren und dann klappe das schon. Gerade Frauen neigen dazu, alles perfekt machen zu wollen, und zweifeln lieber an sich selbst, als die Umstände, wie sie nun mal sind, hinzunehmen. Eine Lösung ist es, stattdessen Hilfe anzunehmen, weniger perfektionistisch zu sein und sich mit einem Nein hier und da auch mal unbeliebt zu machen.

Die innere Uhr entschleunigen

Wie hilft ein minimalistischer Ansatz, um das nicht Vereinbare ein wenig angenehmer zu gestalten? Bei uns gab es vor allem morgens Stress, wenn einer von uns das Kind aufwecken, fertigmachen, Essen reinschieben und schnell zur Krippe bringen musste. Ach ja, und Zähneputzen nicht vergessen! Dann zur Bahn rennen und hoffen, dass man den Anschlusszug nicht verpasst. Im Zug tat es mir dann leid, wie ich am Morgen mit Marta gesprochen hatte. Mir fiel auf, dass wir von ihr erwarteten, dass sie sich anstandslos unserem Zeitplan anpasst, ohne zu schauen, was ihre Bedürfnisse sind. Sie musste immer kooperieren, und wenn es dann nicht schnell genug ging, habe ich mit ihr geschimpft. So habe ich es mir nicht vorgestellt, mein Kind großzuziehen. Ich möchte eine gute Mutter sein, die Zeit und Verständnis für ihre Tochter hat. Aber ich möchte und kann nicht meinen Job aufgeben oder zurück zur Verwandtschaft ziehen, damit es stressfreier zugeht.

Also habe ich überlegt, was ich ändern kann, damit die Stimmung am Morgen nicht mehr so angespannt ist. Die Lösung war am Ende ganz einfach: Dem Stress am Morgen lässt sich entgegenwirken, indem einfach mehr Zeit eingeplant wird. Das klingt erst mal total banal, auf diese Idee wird schließlich jeder kommen. Ich musste jedoch feststellen, dass dieser Geistesblitz stark zeitverzögert bei mir eintraf. In meinem Leben vor Marta war ich ein sehr pünktlicher Mensch. Ich hatte meine Planung gut im Griff und kam nur selten und, falls doch, mit einer guten Ausrede zu spät. Mit Kind sah das jedoch ganz anders aus. Man kann sich an keine Richtwerte halten. Wenn das Anziehen heute zehn Minuten gedauert hat, heißt das noch lange nicht, dass es morgen in etwa gleichlang dauert. Gerade der Prozess des Anziehens variiert zeitlich sehr stark. Interessanterweise dauert es umso länger, je weniger Zeit ich habe. Ich wiederhole mich in meinen Anweisungen an Marta immer häufiger, werde gestresster und versuche, mit diversen Drohungen und Versprechen irgendwie voranzukommen. Letztlich muss dann das gemeinsame Frühstück ausfallen und die Stimmung aller ist im Keller.

In der gesamten Tagesplanung empfiehlt es sich grundsätzlich, 30 bis 45 Minuten Puffer einzuplanen. Ein Kind merkt sofort, wenn es entspannt zugeht und es noch Zeit hat, die Dinge zu erledigen, die ihm wichtig sind. So bleibt der Stresspegel niedrig und die Laune aller gut.

Ein weiterer Punkt im Familienalltag, der immer wieder zum steigenden Puls bei mir selbst beiträgt, ist das Zubereiten des Abendessens. Nach einem anstrengenden Kita-Tag fordert Marta meine ganze Aufmerksamkeit. Der Plan, das Kind abzuholen, dann noch schnell einkaufen zu gehen und Essen zu kochen, ging mehr als einmal in die Hose. Hinzu kommt, dass ich kein Kochprofi bin, und es bereitet mir auch nicht besonders viel Freude, nach einem Arbeitstag abends noch am Herd zu stehen. Am Ende gibt es dann meistens etwas mäßig Leckeres und keiner ist mit dem Verlauf des Abends zufrieden.

Wo kann ich beim Ablauf am Abend Zeit einsparen und mühselige Aufgaben reduzieren? Eine einfache Lösung habe ich mir bei einer befreundeten Mutter mit drei Söhnen abgeschaut: Jedes Mal, wenn sie kocht, bereitet sie die doppelte Menge zu und friert die Hälfte davon einfach ein. So muss sie am Abend, wenn alle hungrig nach Hause kommen und es hektisch wird, nur noch das eingefrorene Essen aufwärmen. Viele Gerichte lassen sich wunderbar vorkochen und einfrieren. Manchmal passiert es natürlich, dass nichts im Gefrierschrank ist, dann gibt es eben auch abends mal Brot oder Müsli, wenn die Zeit knapp ist. Davon ist noch keiner verhungert. Und seien wir mal ehrlich: Es ist wichtiger, ein gemeinsames und entspanntes Essen mit der Familie zu haben, als dass alles perfekt zubereitet ist und vom biologisch zertifizierten Bauernhof kommt.

Kalendereintrag: Nichtstun!

Was mich auch immer wieder in Zeitnot bringt, sind die zahlreichen Einträge in meinem Terminkalender. Die Familie meldet sich für einen Besuch über ein paar Tage an. Gefolgt von Freunden, die im Anschluss übers Wochenende kommen, da sie mit ihrem Neugeborenen auf der Durchreise während der Elternzeit sind. Währenddessen findet im Büro noch ein Workshop statt, bei dem ich außerplanmäßig einspringen soll. So hangle ich mich von Woche zu Woche und bekomme allmählich das Gefühl, dass das gesamte Jahr bereits vorgeplant ist und keine Zeit mehr für Spontaneität bleibt.

Ich beschließe also, freie Zeit zum Nichtstun einzuplanen. Die Wörter »Nichtstun« und »Planen« klingen erst mal widersprüchlich. Mir hat es aber eine ganze Menge Stress erspart. Ich blockiere bereits zu Anfang des Jahres Zeiträume, in denen wir bewusst nichts machen. Weitere Termine, wie Hochzeiten, größere Geburtstagsfeste und Ähnliches, werden berücksichtigt. Hier stelle ich bereits fest, dass gar nicht mehr so viel Zeit für Besucher übrig bleibt.

Anfangs bin ich in die Falle getappt, diese Zeiträume hin- und herzuschieben und Freunde und Verwandte gleichzeitig kommen zu lassen.

Wir haben schnell festgestellt, dass man am Ende keinem mehr gerecht wird. Lieber sage ich ein paar Leuten ab und freue mich auf den wenigen Besuch, der kommt, als alles unter einen Hut bringen zu wollen. Gerade wenn die Großeltern weiter entfernt wohnen, müssen sie über Nacht bleiben. Es ist selbstverständlich, dass sie ihr Enkelkind regelmäßig sehen wollen. Aber es ist genauso wichtig, dass man als Familie noch Freizeit hat und tatsächlich auch »freie Zeit«, in der man spontan Ausflüge machen oder sich verabreden kann, ganz nach Lust und Laune.

Ich versuche daher, regelmäßig einen Tag ohne Planung zu definieren. An diesem Ruhetag bleibt dann Zeit für Kreativität und Spontaneität. Im Umkehrschluss bedeutet das jedoch auch, öfter mal Nein zu sagen. In dem einen Moment freue ich mich über die Besuchsankündigungen von Freunden und im nächsten Moment frage ich mich, wann ich stattdessen den Wocheneinkauf und das Putzen erledigen soll. Sobald ich merke, wie ich To-dos hin- und herschiebe und die Woche im Voraus immer voller wird, sage ich Nein, verschiebe den Termin auf eine Woche, in der weniger los ist, oder sage ihn ab. Gute Freunde verstehen das.

Das Neinsagen muss man üben. Wer kennt es nicht: Man sagt spontan Ja und dann ärgert man sich anschließend, nicht Nein gesagt zu haben. Die vielen Jas, die ich im Leben ohne Kind noch abfangen konnte, indem ich meinen Zeitplan immer ein bisschen zu vollstopft habe, werden mir nun zum Verhängnis. Dieses kleine kurze Wort entschlüpft schnell und macht Freude – nur mir selbst leider nicht immer. Wer immer Ja zu den Wünschen und Bedürfnissen anderer sagt, kommt selbst irgendwann zu kurz. Nichts gegen ein ehrliches und von Herzen kommendes Zustimmen. Aber wenn dem Ja andere Ursachen zugrunde liegen, wie zum Beispiel die Angst vor Kritik, Ablehnung oder die Befürchtung, etwas zu verpassen, dann ist der richtige Zeitpunkt, dem Nein eine Chance zu geben!

Fünf Tipps zum Neinsagen

1. Bedenkzeit: Oft sagen wir vorschnell Ja zu etwas, weil wir überrumpelt wurden. Es ist völlig legitim, um Bedenkzeit zu bitten und dann zu überlegen, ob man der Bitte nachgehen will oder nicht.
2. Warum fällt es so schwer, Nein zu sagen? Ist es die Angst vor Konsequenzen oder davor, abgelehnt zu werden? Es könnte auch sein, dass man nicht egoistisch und herzlos erscheinen möchte. Klarheit darüber zu bekommen, was es uns ganz persönlich schwermacht, hilft dabei, genau diese Ängste und Bedenken zu überwinden.
3. Welchen Preis zahle ich? Das kann eine gute Portion Motivation und Anreiz geben, ab sofort ein bisschen genauer zu überlegen, doch mal etwas abzulehnen.
4. Respektvoll Nein sagen: Ein behutsames und freundliches Nein, das nicht verletzend ist, aber das andere auch nicht missinterpretierten können, will geübt sein. Ein Nein kann begründet werden, ohne sich zu rechtfertigen. Eine schöne Geste ist es auch, sich zu bedanken, dass der andere Vertrauen hat und die Aufgabe überträgt. Häufig braucht es kein striktes Nein, mit einer Teilerfüllung oder einem Gegenangebot lässt sich die Aufgabe vielleicht verkleinern.
5. Das Nein der anderen: Wie reagiere ich selbst auf ein Nein eines anderen? Kann ich es akzeptieren, neige ich zum Umstimmen oder bin ich enttäuscht? Jeder hat ein Recht darauf, Nein zu sagen. Wenn ich dieses Recht wertschätze, fällt es selbst leichter, auch einmal abzulehnen.

Perfektionismus ade!

Als Mutter erfährt man häufig, dass man etwas nicht richtig macht. Von allen Seiten flattern verschiedene Erwartungen herbei. Früher haben einem die Nachbarin und die Schwiegermutter reingeredet, heute ist mit dem Internet die halbe Welt dazugekommen. Lässt man das Kind bei sich schlafen, ist man eine Glucke. Soll es früh alleine im eigenen Bett schlafen, ist man eine Rabenmutter. Mütter befinden sich dauernd auf einer Gratwanderung, weil alles, was sie tun, bewertet wird. Und weil es gar kein richtiges Verhalten gibt. Was es hingegen zur Genüge gibt, sind Erziehungsratgeber. Sie versprechen, wie jedes Kind schlafen lernt oder wie man es ohne Erziehung erzieht.

Gibt man im Internet die Suchbegriffe »Ratgeber Eltern Kinder« ein, kommt man auf über 20 000 Ergebnisse. Das Wissen über die Entwicklung ist also da. Theoretisch. Jeder hat eine andere Meinung und einen gut gemeinten Ratschlag.

»Ratschläge sind auch Schläge!«, sagt mir Frau Unverzagt selbstbewusst. Als Autorin zahlreicher Sachbücher zu Erziehung, Familie und Partnerschaft hat sie sich intensiv mit dem Thema beschäftigt. »Eltern werden heutzutage behandelt, als wären sie dumm. Ein Erwachsener ist in der Lage, vernünftig mit einem Kind umzugehen, ohne 20 Bücher, 30 Kurse und einen Elternführerschein gemacht zu haben. So wird Eltern das Selbstbewusstsein genommen, es schon selbst auf die Reihe zu bekommen.« Frau Unverzagt ist der Meinung, Erziehungsratgeber gehören in dieselbe Ecke wie die feuerfesten Strampelanzüge. »Alle vier Jahre wird eine neue Sau durchs Dorf getrieben. Das, was gestern galt, gilt heute nicht mehr, weil der Zeitgeist sich geändert hat oder die Zielsetzung.« Das Baby im Bett der Eltern war vor 50 Jahren undenkbar, vor 40 Jahren gab es dann die ersten Mutigen, die es mit zu sich nahmen. Danach sollte jedes Kind im Dunkeln und alleine schlafen lernen. Daraufhin schrie die andere Seite wieder, wie furchtbar, das kann man nicht machen. Und so weiter und so fort … So geht es immer hin und her und am Ende hat keiner recht, denn kein Kind gleicht dem anderen. So wird Eltern die intuitive Kompetenz genommen.

Die Berlinerin rät dazu, in sich selbst hineinzuhören und in einer Konfliktsituation zu reflektieren, was man tut und was man fühlt. Dazu »eine gehörige Portion Wurschtigkeit nach dem Motto, sollen die anderen doch machen, was sie wollen, ich mache auch, was ich will.« Kurz gesagt: zurücklehnen, entspannen und überzeugt sein, dass man es selbst am besten weiß. Dafür braucht es keine Experten.

Also, Mut zur Lücke. Wir sollten uns endlich davon distanzieren, alles perfekt machen zu wollen. Einfach mal einen Gang runterschalten und Fehler nicht so kritisch sehen. Indem ich versuche, perfekt zu sein, baue ich einen unendlichen Druck auf mich selbst auf und dieser Druck sorgt dafür, dass ich gestresst bin. Dieser Stress wiederum sorgt dafür, dass ich schneller die Nerven verliere und dass das Familienleben nicht mehr harmonisch ist. Schließlich ist keiner perfekt. Selbst wenn es jemanden gäbe, würde ich nicht mit dieser Person befreundet sein wollen.

Indem wir unseren Kindern vorleben, dass Menschen perfekt und fehlerfrei sind, werden sie diese Einstellung übernehmen und können im Erwachsenenleben nicht damit umgehen. Der Wunsch nach Perfektion ist nach dem dänischen Familientherapeuten Jesper Juul sogar der schlimmste Erziehungsfehler. »Es gibt keine perfekten Eltern! Es gibt nicht einmal annähernd perfekte Eltern!«, mahnt er in seinem Buch »Die kompetente Familie«. Selbst die besten Eltern machten mindestens 20 Fehler an einem einzigen Tag. Diese Worte nehme ich gerne an mit dem Wissen im Hinterkopf, dass ich heute noch Pi mal Daumen 18 Fehler machen darf.

Den Haushalt in den Griff kriegen

Also, bye-bye, Perfektionismus, herzlich willkommen, Pragmatismus! Klingt einfach, ist jedoch schwer. Wer sein Leben lang alles immer selbst gemacht hat, damit es am Ende den Vorstellungen entspricht, muss erst einmal lernen, diese Kontrolle abzugeben.

Höchste Zeit, Hilfe anzunehmen und delegieren zu lernen, am besten bevor einem alles über den Kopf wächst. Welche Aufgaben im Haushalt kann ich abgeben? Wo ist mein Partner gefragt? Wo können die Kinder mit anpacken? Der Vorteil daran ist, dass unsere Kinder die Familie früh als Team und die Hausarbeit als gemeinsame Aufgabe begreifen. Man kann unmöglich alleine den ganzen Laden schmeißen.

Mein Partner und ich haben häufig die Diskussion, dass ich »alles mache« und er »nichts«. Um es mal aufs Wesentliche herunterzubrechen. Die Wahrnehmung beider geht – leicht verzerrt – in die jeweils entgegengesetzte Richtung. Statt regelmäßig ohne Ergebnis zu debattieren, wer was wie häufig gemacht hat, haben wir, wie in einer WG, Aufgaben und Verantwortlichkeiten definiert: Ich koche, Toby räumt den Tisch ab und spült. Ich gehe einkaufen, Toby kümmert sich um die Wäsche. Den Müll bringen beide runter – ich weniger häufig. Das kann ich jedoch nicht zugeben, weil ich sonst beim Aufrechnen hinten liegen würde. Das Geld für die Putzhilfe spart uns das Geld für einen Beziehungstherapeuten.

Warum muss eigentlich alles picobello sein, wenn Besuch kommt? Ist es vielleicht die Angst davor, andere könnten denken, wir seien überfordert? Wenn ich selbst eingeladen bin, achte ich nicht darauf, ob es aufgeräumt ist. Falls es mir aber doch auffällt, dann weil es extrem ordentlich ist. Es ist nicht so, dass ich dann denke: »Die haben alles unter Kontrolle.« Nein, ich fühle mich eher schlecht, denn bei uns sieht es nicht so aus. Außer natürlich, wenn Besuch kommt. Aber man denkt nicht zurück an seine Kindheit und findet, dass es so schön war, weil es so ordentlich war – das ist im Endeffekt nebensächlich. Ich erinnere mich nicht an eine gute Freundschaft, weil die Freundin immer ihren Tisch so schön gedeckt hat. Es ist die gemeinsam verbrachte Zeit, die uns in guter Erinnerung bleibt.

Mehr Ordnung im Kinderzimmer

Chaos im Kinderzimmer muss nicht sein. Aber dass die Eltern ganz alleine aufräumen, kann auch nicht sein. Hier ein paar erprobte Tipps:

Spielzeug nach Kategorien in Kisten packen und bebildern: Kleinere Kinder brauchen mitunter noch Unterstützung beim Aufräumen. Da sie nicht lesen können, empfiehlt es sich, zusammen Bilder zu malen und diese auf die jeweiligen Kisten zu kleben. Mögliche Kategorien: Malsachen, Bücher, Lego usw.

Kleidung aufrollen: Es gibt jeweils eine Schachtel für Bodys, Oberteile, Hosen und Strumpfhosen. Die Klamotten werden einmal in der Mitte gefaltet und gerollt. Da können sogar schon Zweijährige fleißig mithelfen.

Aufräumen als Spiel: Mit einem Würfel lassen sich Kinder schnell zum Aufräumen motivieren: Jeder räumt so viele Gegenstände auf, wie der Würfel Augen zeigt. Eine Alternative ist ein Farbwürfel: Jeder räumt ein Spielzeug weg, dessen Farbe gerade gewürfelt wurde.

Spielzeug-Sets: Kleinkinder sind häufig überfordert von der Menge an Spielzeug, die sich ihnen bietet. Teilweise haben sie eine so kurze Aufmerksamkeitsspanne, dass sie in Windeseile jede Kiste ausräumen, aber nicht wirklich damit spielen. Hier empfiehlt es sich, das Spielzeug in einzelne Boxen zu packen und jeweils nur eine Box rauszugeben, mit der gespielt werden darf.

Ab und zu tritt bei uns der Fall ein, dass das alles nicht funktioniert und sich das Sammelsurium aus Stofftieren und Dinosauriern im Wohnzimmer türmt. Hierfür habe ich einen Krisentipp (Spoiler: pädagogisch wertvoll geht anders!). Ich helfe mir, indem ich behaupte, alles wird in der Nacht aufgesaugt, wenn es weiterhin auf dem Boden rumliegt. Für alles, was bis zum Abend nicht weggeräumt wird, gibt es eine Kiste, die schließlich in den Tiefen des Kellers verschwindet.

Vier Tipps, wie Kinder zu Haushaltshelfern werden

Das eigene Zimmer aufzuräumen ist nicht die einzige Möglichkeit, bei der Kinder im Haushalt mit anpacken können. Folgende Tipps können helfen, den Kindern ein wenig Mithilfe schmackhaft zu machen:

1. Vorfreude erzeugen, zum Beispiel: »Wenn das Zimmer in Ordnung ist, schauen wir, wie die Geschichte von gestern weitergeht. Ich bin schon so gespannt!«
2. Fantasie einsetzen: Ich versuche mir beim Essen eine Geschichte auszudenken, beispielsweise erzähle ich von der Brokkoli-Familie. Mama Brokkoli möchte in den Mund zu Baby Brokkoli, dann kommt noch Papa und sämtliche Geschwister, die noch auf dem Teller rumliegen. Wenn es später ans Spülmaschine-Einräumen geht, erweitere ich die Geschichte. Jetzt muss das Haus (der Teller) der Familie Brokkoli noch geputzt werden.
3. Wettbewerbe initiieren: Viele Kinder springen wahnsinnig gut auf Wettbewerbssituationen an. Das hilft Eltern besonders, wenn die Zeit knapp ist.
4. Bilderbuch: Wir hatten beim morgendlichen Prozedere immer das Problem, dass getrödelt wurde und jeder einzelne Schritt ein Kampf war. Ich habe jeden dieser Schritte fotografiert und mit Marta zusammen in ein Album geklebt. So können wir am Morgen das Album durchgehen und wie ein Spiel abarbeiten.

Zeit für mich und das Nein aus Liebe (zu mir)

Es ist eine einfache Rechnung: Wenn man als Mama versucht, 24 Stunden an sieben Tagen in der Woche immer 100 % den Kindern, der Familie oder dem Job zu geben, bleiben exakt 0 %, null Stunden und null Tage Zeit für einen selbst. Doch Elternsein heißt nicht, sich selbst aufzugeben. Es gibt nichts Wichtigeres als regelmäßige Ruhepausen. Solche, bei denen ich Löcher in die Luft starre, die Ruhe genieße, atme und etwas für mich ganz alleine mache. In der Zeit vor dem Kind hielt ich diese Momente für selbstverständlich. Heute kommen sie nicht mehr einfach von alleine angeflattert. Trotzdem brauche ich sie, allerdings muss ich sie jetzt einfordern. Anfangs habe ich den Fehler gemacht, diese Zeit nicht für mich einzufordern, sondern zu warten, bis sie mir gewährt wird, zu warten, dass Toby oder Marta von ganz alleine draufkommen, dass ich mich mal entspannen könnte. Darauf, dass dieser Moment eines Tages vom Himmel fällt, hätte ich noch die nächsten 365 Tage, 24/7, 100 % lang warten können.

Es gab Momente, in denen ich die Zeit für mich genervt eingefordert habe. Groteskerweise war das immer verbunden mit der Ausrede, nimm mal das Kind, damit ich dieses oder jenes erledigen kann. Diese paar Minuten Zeit, die ich hatte, wollte ich möglichst effizient nutzen, um andere Dinge zu erledigen, abzuarbeiten. Häufig befindet man sich in einem Tempo zwischen Dauerorganisieren, soziale und familiäre Dinge erledigen und »ein bisschen Haushalt«. Was häufig viel zu kurz kommt, ist die Zeit für sich selbst. Dabei wissen wir doch, dass immer nur für andere da zu sein auf Dauer ganz schön auslaugt und müde macht. Wenn ich zwischendurch wenigstens mal kurz auf mich selbst achte, kann ich auch die größten Quengeleien viel besser ertragen.

Ich bin Mama – ich habe (k)ein Hobby

Entspannung und Ruhe findet jeder auf seine Weise – wichtig ist nicht das Wie, sondern dass es die Möglichkeit gibt, hin und wieder zur Ruhe zu kommen. Häufig lese ich, dass man als Mutter keinen Hobbys mehr nachgehen kann, da einen das Kind rund um die Uhr einspannt und kaum noch Kraft bleibt, in der freien Zeit etwas für sich zu tun. Natürlich ist das Leben nicht wie vorher und man kann erst mal keinen zeitintensiven Hobbys nachgehen, aber ich spreche hier von ein bis zwei Stunden wöchentlich. Mir fällt es schwer, rechtzeitig zu merken, dass ich freie Zeit brauche, und diese Zeit dann auch einzufordern. Deshalb habe ich mich zu einem wöchentlichen Kurs angemeldet. Ich tanze für mein Leben gerne Lindy Hop. Das ist ein lustiger Tanz aus den 20er-Jahren. Toby kann damit überhaupt nichts anfangen, was ich nicht schlimm finde. Jeder Partner sollte seine Insel haben, auf der er sich entspannen kann. Ich schaue am Samstag ja auch keine Bundesliga mit ihm und seinen Freunden. Der Tanzkurs findet abends statt, sodass ich es gut mit dem Job vereinbaren kann und Toby bereits zu Hause ist, um auf Marta aufzupassen.

Für mich ist es leichter, eine Art Verbindlichkeit, wie in diesem Fall die fixe Anmeldung, zu haben. Häufig bin ich müde und will am liebsten zu Hause vor dem Fernseher bleiben. Ich raffe mich aber doch auf und gehe los. Wenn ich dann erst mal dort bin, erfüllt es mich mit Freude. Ich komme nach Hause und bin ein anderer Mensch. Mir tut es gut, mal rauszukommen und etwas zu machen, das nicht mit Kind oder irgendwelchen Verpflichtungen zu tun hat. Für die beiden anderen ist es auch wichtig, denn so haben sie Zeit zusammen. Marta lernt, dass ihr Vater sie genauso gut ins Bett bringen kann wie die Mutter. Und dass das Zähneputzen mit Papa viel mehr Spaß macht, denn es dauert nicht so lange wie mit Mama.

So ist völlig klar, dass der Mittwochabend mir gehört, und ich muss es nicht Woche für Woche erneut einfordern. Toby hat dafür den Dienstag zur freien Verfügung und ich kann in Ruhe zu Hause Sachen erledigen, sobald Marta im Bett ist. Ich genieße es total, mal einen Abend in der Woche alleine zu Hause zu sein. So lassen sich auch die übrigen

Tage zu dritt genießen und keiner hat das Gefühl, sich völlig aufzugeben.

Minimalismus-Hacks

- Zeitfresser eliminieren: Reduziere gezielt Störfaktoren, die Zeit fressen.
- Nein sagen: Ja sagen aus Höflichkeit macht auf Dauer unglücklich.
- Zufrieden sein: Ständiges Vergleichen und andere als Konkurrenz zu sehen bringt dich nicht weiter und macht dich unsympathisch. Glaube an die selbsterfüllende Prophezeiung: Positive Gedanken verbessern die Stimmung, negative verschlechtern sie. Es ist wissenschaftlich erwiesen: Wer denkt, dass er versagt, wird unbewusst durch sein Verhalten tatsächlich schlechter abschneiden.
- Hilfe ohne schlechtes Gewissen annehmen: Die Jas, die du in Zukunft beim Neinsagen einsparst, kannst du hier wiederverwenden. Bietet jemand Hilfe an, sage von nun an Ja!
- Perfektionismus ade: Das Leben ist kein Wettbewerb. Verabschiede dich davon, alles perfekt machen zu wollen.
- Was ist wichtig? Finde heraus, was dir wirklich wichtig ist und für was du bewusst Zeit haben möchtest.
- Und das Wichtigste: Vergiss dich selbst nicht! Elternsein heißt nicht, sich aufzuopfern und kein Individuum mehr zu sein.

In manchen Familien ist so eine Regel vielleicht nicht möglich, weil der Elternteil alleinerziehend ist oder der Partner unter der Woche unterwegs ist. Hier könnten ein paar freie Minuten am Morgen, bevor die Kinder aufstehen, helfen. In der Früh lässt sich wunderbar Yoga machen oder in Ruhe eine Tasse Kaffee trinken, bevor der Wahnsinn losgeht. Selbst wenn es nur ein paar Minuten sind, hilft es, sie bewusst zu genießen. Wie eine Art Ritual. Wer kein Frühaufsteher ist, kann auf dem Heimweg von der Arbeit zur Krippe oder zum Kindergarten einen kleinen Zwischenstopp einplanen, zum Beispiel in einem schönen Café oder in dem Park um die Ecke. Ich mache das manchmal, denn nach der Arbeit bin ich häufig sehr aufgedreht und hungrig. Dann hole ich mir einen kleinen Snack und esse ihn noch in Ruhe, bevor ich Marta abhole.

Anfangs hatte ich dabei ein schlechtes Gewissen, denn Marta ist sowieso schon so viele Stunden in der Krippe und freut sich den ganzen Tag auf den Moment, in dem Mama an der Türschwelle steht und sie abholt. Doch seien wir mal ehrlich, auf 10 bis 15 Minuten kommt es nicht an. Diese kurze Zeit hilft mir, den Tag Revue passieren zu lassen, in Ruhe etwas zu essen, um mich dann mit neuer Energie auf die letzten Stunden des Tages mit meiner Tochter zu freuen. Das muss nicht jeden Tag sein, aber es gibt genügend Momente, in denen Mütter die Möglichkeit haben zu entspannen, sie müssen nur erkannt und genutzt werden. Auch ein gutes Netzwerk von Babysittern ist Gold wert. Gerade wenn die Großeltern nicht um die Ecke wohnen, entlastet es ungemein.

GRÜN, GRÜN, GRÜN

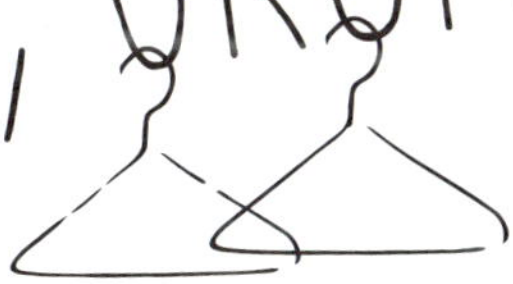

SIND ALLE MEINE

___ ______ ______ ___

KLEIDER

Wichtig für das Leben eines Minimalisten ist es, grün zu sein. Grün ist sozusagen das neue Schwarz. Die Etikette eines umweltbewussten und nachhaltig lebenden Bürgers des 21. Jahrhunderts. Da möchte ich mich natürlich nicht rauslavieren. Ich habe jedoch die Vermutung, meinen Cuba Libre ohne Strohhalm zu bestellen, wird nicht ausreichen.

Jeder, der ein windelpflichtiges Baby daheim hat, weiß, wie es um den häuslichen Müll steht. Doch die aus Plastikkram und Erdöl bestehende Pipi-und-Kacka-Auffanghose ist bei Weitem nicht das Einzige, das dazu beiträgt, einen tyrannosaurusgroßen Fußabdruck auf der eigenen Ökobilanz zu hinterlassen. In nur einem Kinder-T-Shirt stecken bis zu 2000 Liter Wasser, die vor allem beim Baumwollanbau benötigt werden. Angebaut wird Baumwolle ausgerechnet in sehr trockenen Gebieten. Der Regen könnte die gesamte Ernte vernichten, wenn sich die Knospen mit Wasser vollsaugen und verfaulen. Daher müssen – so grotesk das auch klingt – fast zwei Drittel der weltweiten Baumwollanbaufläche künstlich bewässert werden. Das ist rund die Hälfte aller bewässerten Flächen auf der Erde. Kurz gesagt, es ist Zeit, dass wir unsere Komfortzone verlassen und anfangen, unseren ökologischen Fußabdruck zu minimieren.

Kaufst du noch oder leihst du schon?

Ein guter Kompromiss zum Kauf in den schwedischen und spanischen Modegeschäften ist es, die Kindergarderobe zu leihen. Gerade im ersten Jahr werden die neu gekauften Sachen bereits nach vier Wochen ausrangiert, da man den Babys beim Wachsen quasi zugucken kann. Als wäre Dünger in der Muttermilch.

Sharing is caring – entweder leihen sich frischgebackene Eltern die Kleidung von Freunden und Verwandten, deren Kinder bereits herausgewachsen sind. Oder aber sie ergattern ein paar Stücke von guter Qualität auf einem lokalen Flohmarkt. Das schont nicht nur den Geldbeutel und die Umwelt, sondern auch die Kleinen. Da Baby- und Kinderhaut meistens sehr empfindlich sind, sind Secondhand-Kleidungsstücke besser als Textilien im neuwertigen Zustand. Durch das häufige Waschen sind Schadstoffe sowie Chemikalien aus den Fasern bereits hinausgespült worden. Perfekt also für die empfindliche Kinderhaut. Auf speziellen Baby- und Kinderflohmärkten findet man von Spielzeug bis zu Klamotten einfach alles rund um das Thema Baby und Kind.

Es gibt noch zahlreiche andere Alternativen, um an bereits gebrauchte und nicht mehr benötigte Kindersachen ranzukommen. Mit Flohmarkt-Apps kann man online günstige Kleidchen, Strampler, Dreiräder und Spielsachen finden – und auch selbst verkaufen. Normalerweise sind Flohmarkt-Apps so konzipiert, dass nur Angebote aus dem Umkreis angezeigt werden. Haben sich Käufer und Verkäufer geeinigt, kann individuell ausgemacht werden, auf welchem Weg der Artikel zu einem kommt – ob per Paket oder Selbstabholer.

Eine weitere innovative Lösung sind Mietservices für Kinderkleidung. Wer kennt es nicht: Die zu klein gewordenen Klamotten häufen sich auf dem Dachboden und die Frage »Wohin damit?« bleibt ungeklärt. Nicht immer hat man ausreichend Zeit und Lust, sich selbst auf einen Flohmarkt zu stellen. Dazu kommt, dass Kinder alle paar Wochen andere Kleidung benötigen: Kaum ist der Winter vorbei, ist Matschhosenwetter. Und kaum wurde die Garderobe für den Frühling aktualisiert, flattern Einladungen zu Taufen oder Hochzeiten ins Haus. Dann sind auf einmal schicke Kleidchen und Hosen ohne Löcher gefragt. In dem Fall kommt die Idee vom unkomplizierten Mietmodell gerade recht: Kinderkleidung und Spielzeug einfach ausleihen. Und wenn die Teile zu klein sind oder nicht mehr gefallen: einfach zurückschicken. Eine Versicherung für beschädigte Kleidung gibt es häufig noch dazu. Die leckere Erdbeersoße, die sich einfach nicht mehr rauswaschen lässt, oder der letzte Sprung vom Baum, der seine Spuren hinterlassen hat – kein Problem. »Wir wissen, dass Kinder- und Babykleidung besonderen Strapazen ausgesetzt sind, und wir nehmen die Kleidungsstücke problemlos zurück, es muss nichts extra bezahlt werden. Eltern bezahlen nicht mehr als die ihnen vorher bekannte Mietgebühr«, erklärt mir Hendrik Scheuschner. Er gründete 2014 den ersten Mietservice für Kindersachen.

Eltern können hier aus über 60 beliebten Kinder- und Spielzeugmarken bis zu 7500 verschiedene Artikel auswählen. Bei der Auswahl der Marken wird besonders auf Qualität geachtet. »Kleidung kann in der Regel von drei bis vier Kindern getragen werden, bis sie kaputt ist oder nicht mehr unseren Qualitätsansprüchen genügt.« Wenn besonders hochwertige Sachen kaputtgehen, werden diese gesammelt und zur Schneiderei gebracht. Falls sich das wirtschaftlich nicht mehr lohnt, wandern die Klamotten zum Secondhand-Laden und es gibt noch einen kleinen Erlös für den Online-Mietservice. »Wir haben 2017 angefangen, unser Sortiment um Spielzeug und Ausstattung zu erweitern. Nun sind wir jedoch dabei, es wieder zu minimieren, denn viele Produkte haben sich für uns als unwirtschaftlich herausgestellt.« Es gebe leider sehr viele Produkte von schlechter Qualität, die nach einem Monat zurückkämen und kaputt seien. »Es ist extrem schwer, etwas zu bekommen, das langlebig ist.« Gerade Spielzeug werde großen äußeren Einwirkungen unterzogen und könne nicht immer repariert werden. »Daher versuchen wir, uns mehr auf Kleidung zu konzentrieren und nur noch ausgewähltes Spielzeug und Kinderausstattung anzubieten.« Wenn ein Kleidungsstück besonders liebgewonnen wurde, kann man es einfach so lange mieten, bis der Originalpreis erreicht ist. Danach kann man es behalten und muss nichts über den Preis hinaus zahlen.

Das Konzept hat mich überzeugt und auch ein bisschen zum Umdenken angeregt. Denn Nachhaltigkeit ist wichtig, für uns und für unsere Kinder. Deshalb ist es eine gute Idee, sich vor Augen zu führen, welche Ressourcen für die Produktion eines Kleidungsstücks anfallen. Man muss kein Mathegenie sein, um zu verstehen, wie sinnvoll es ist, gut erhaltene Kleidung weiterzugeben, auf Flohmärkten zu verkaufen oder aber zu mieten und somit mehrere Konsumenten in der Kette zu haben.

Diese Dinge kann man wunderbar leihen:

- Kleidung (vor allem festliche, Kostüme usw.)
- Fahrradanhänger
- Gesellschaftsspiele für Kinder
- Bücher
- Laufräder oder Scooter
- verschiedene Modelle von Babytragen – so haben Mama und Baby die Möglichkeit zu testen, welche Trage passt
- Tonies – die kleinen Hörspiel-Figuren lassen sich mittlerweile in jeder gut sortierten Bibliothek leihen

Stoffwindel oder Wegwerfwindel?

Wer Müll vermeiden will, schnappt sich seinen Jutebeutel, gewöhnt sich die Plastiktüte ab und greift zu frischem statt zu verpacktem Obst. Doch all diese Bemühungen scheinen mir wirkungslos, wenn ich jeden zweiten Tag eine Tüte Windelmüll entsorge. Ein Baby macht zwischen 4000 und 6000 Windeln voll, bis es gelernt hat, die Toilette zu benutzen. Das entspricht etwa einer Tonne Müll. Um das zu vermeiden, kann man Stoffwindeln verwenden. Einige Studien stellen jedoch infrage, ob Stoffwindeln tatsächlich umweltfreundlicher sind. Letztlich kommen sie zu dem Schluss, dass die Ökobilanzen der beiden Windeltypen ähnlich ausfallen. Grund dafür sind der hohe Energie- und Wasserverbrauch, die beim Waschen von Stoffwindeln anfallen.

Es gibt eine weitere Alternative: Ökowindeln. Der Name lässt vermuten, dass der Kauf dieser Variante umweltverträglicher sein könnte. Doch selbst diese Windeln bestehen heutzutage maximal aus 80 % nachwachsenden Rohstoffen. Mehr ist leider noch nicht möglich. Somit sind Ökowindeln also auch nicht biologisch abbaubar, und selbst wenn sie es wären, dürften sie wegen der Fäkalien nicht in die Biotonne geworfen werden. Im Vergleich zu herkömmlichen Einwegwindeln schneiden Ökowindeln jedoch immer noch besser ab, da hier wenigstens ein großer Anteil der Rohstoffe nachwachsend ist und aus biologischem Anbau stammt.

Egal ob Stoffwindel oder Einwegwindel: Selteneres Windelwechseln beeinflusst die Ökobilanz allemal positiv. Die Windeln sollten so oft wie nötig und so selten wie möglich gewechselt werden. Dem entstehenden Müll kann man entgegenwirken, indem Feuchttücher durch Waschlappen und Plastikauflagen durch Moltontücher ersetzt werden.

Eine weitere, jedoch sehr zeitaufwendige Methode ist es, Kinder windelfrei großzuziehen. In vielen Ländern in Asien und Afrika ist es normal, dass Babys und Kinder keine Windeln tragen. Schon die Kleinsten machen sich bemerkbar, wenn sie mal müssen. Mütter in diesen Ländern tragen ihre Säuglinge ohnehin oft den ganzen Tag direkt am Körper und sind sehr sensibel für die Zeichen, die ihre Kinder ihnen geben. Sie merken, wenn das Baby muss, und halten es einfach ab. Die Windelfrei-Methode fordert allerdings sehr viel Aufmerksamkeit und Zeit für das Kind, was in unserem Alltag nur schwer machbar ist.

Kochen statt Gläschenkauf

Jeder kann etwas. Ich weiß, was ich definitiv nicht kann, und das ist kochen. Was ich aber auch ohne besondere Kochskills hinbekomme, ist Babybrei. Alles, was dazu benötigt wird, sind ein Mixer und Gemüse. Am besten natürlich in Bio-Qualität. Zwar haben auch Gläschen eine ausgezeichnete Qualität und werden sehr strengen Kontrollen unterzogen, jedoch entsteht dabei viel Glasmüll.

Ein weiterer Vorteil beim Selbstkochen ist, dass man die Portionsgröße selbst bestimmen kann. Gerade am Anfang schafft ein Baby meist nur ein bis zwei Löffel. Da das gekaufte Glas aus hygienischen Gründen nicht länger als zwei Tage im Kühlschrank aufbewahrt werden sollte, müssen angebrochene Gläschen häufig weggeworfen werden. Selbstverständlich könnten wir sie auch selbst verspeisen, jedoch treffen die bunten Pürees auch mit viel Salz und Pfeffer nicht jedermanns Geschmack.

Beim selbst gekochten Brei kannst du bereits beim Abfüllen auf die Portionsgröße achten und die einzelnen Mahlzeiten einfach einfrieren. So entstehen kaum Reste und Lebensmittel müssen nicht unnötig weggeworfen werden. Die hygienischen Verhältnisse sollten natürlich immer einwandfrei sein. Ich habe mir jeden zweiten Sonntag Zeit genommen und für 14 Tage im Voraus gekocht. Es dauerte nicht so lange wie Babygläschen einkaufen und später leer zum Container bringen.

Nachhaltiger Speiseplan – weniger Fleisch essen

Eines vorweg: Das wird kein Plädoyer für Vegetarismus oder Veganismus! Ich bin dafür nicht diszipliniert genug und halte Extreme grundsätzlich für nicht sinnvoll. Mich verwundert es jedoch, wie viel Geld ein jeder für Urlaub, iPhone und weitere technische Spielereien ausgibt und wie wenig für gute Lebensmittel, insbesondere Fleisch ausgegeben wird. Jedes Nutztier sollte die Möglichkeit haben, ein schönes und artgerechtes Leben zu führen. Dass der Preis dadurch steigt, ist eine einfache und nachvollziehbare Rechnung. Ein Stück Fleisch auf dem Speiseplan zu haben sollte zu etwas ganz Besonderem werden, sodass es nur sehr selten konsumiert wird. In der Gemüseküche gibt es ungeahnte Möglichkeiten, seiner Kreativität und seinen Kochkünsten freien Lauf zu lassen.

Ganz ähnlich verhält es sich mit anderen tierischen Produkten. Ein Liter Milch darf durchaus mehr kosten als eine Packung Kaugummi. Billig ist nicht gleich besser.

Kochen mit Kind

Kinder, die beim Kochen mithelfen dürfen, profitieren in vielerlei Hinsicht davon. Sie erfahren einen gesunden Zugang zum Essen und lernen, dass Kochen nicht das Gleiche ist, wie eine fertige Pizza in den Ofen zu schieben. Mithelfen zu dürfen und kleinere Aufgaben zu erledigen stärkt das Selbstbewusstsein und vermittelt Kindern das Gefühl, gebraucht zu werden. Außerdem lässt sich bei Zubereiten und Kochen einiges lernen. Woher kommen Karotten? Wie riecht Minze? Und warum bekommen Kartoffeln Arme und Beine, wenn sie zu lange rumliegen?

Welche Aufgaben für welche Jungköche?

- 1 Jahr: Zutaten kosten und abschmecken, Einkaufskorb ausräumen
- 2 Jahre: Obst und Gemüse waschen, beim Kochen die Zutaten in Griffhöhe holen, Schalen in den Müll werfen, Kekse ausstechen und Teig kneten
- 3–4 Jahre: beim Einkaufen helfen, Gerichte aus dem Kochbuch auswählen, Tisch decken, Pizza belegen, Brote schmieren, kalte Speisen umrühren, Kuchen mit Früchten garnieren, weiche Zutaten mit dem Kindermesser schneiden

Was braucht ein Kleinkind wirklich?

Kindergeschirr und Trinkbecher sehen entzückend aus und werden gerne verschenkt. Allerdings nehmen sie auch viel Platz im Küchenschrank ein und lenken das Kind vom eigentlichen Nutzen, wie zum Beispiel dem Trinken, ab. Der Gorilla auf der Tasse wird ganz genau unter die Lupe genommen und dabei landet die Milch auf dem Kind, da dieses die physikalischen Gesetze der Schwerkraft noch nicht kennt. Die Blümchen auf dem Teller sind um einiges spannender als das Essen und der ganze Prozess dauert umso länger. Oder aber das Essen liegt im Weg und wird runtergeworfen, um das schöne Bild im Ganzen zu sehen.

Ich versuche daher, von allem nur ein bis zwei Sachen oder noch besser gar nichts Unnötiges zu haben. Wenn die Kinder etwas älter sind, kann man ihnen ruhig auch die Erwachsenenteller geben und sie darauf hinweisen, dass diese kaputtgehen, wenn sie runterfallen. Ich habe die Erfahrung gemacht, dass Marta besonders stolz war, vom »richtigen« Teller essen zu dürfen, und dadurch auch sehr viel vorsichtiger damit umgegangen ist. Es ist dabei nie etwas zu Schaden gekommen.

Ganz ähnlich verhält es sich bei anderen Sachen. Wir hatten eine Zeit lang an die 20 Schnuller, zehn Trinkflaschen und diverse andere Alltagsgegenstände in mannigfaltiger Ausführung. Ich war davon überzeugt, dass wir so Zeit sparen und ich keinen Stress habe, falls etwas verloren geht. Der gegenteilige Effekt trat jedoch ein. Plötzlich durfte es, je nach Befindlichkeit, nur noch der lila Schnuller mit der Rakete sein oder das blaue Modell mit den Wolken. Diverse Milchflaschen rollten mir beim Aufräumen nach einigen Wochen unter dem Bett entgegen. Ich erinnere mich bis heute an diesen markanten Geruch von saurer Milch. Hier wurde mir klar: Es muss sich etwas ändern.

Nun hatte ich zwei Möglichkeiten, die liebgewonnenen Begleiter meiner Tochter zu reduzieren: Variante eins, ich lasse hier und da heimlich etwas verschwinden in der Hoffnung, dass es nicht auffällt. Ein anderer und meiner Meinung nach besserer Lösungsweg war, dass ich mich mit der knapp Zweijährigen zusammensetzte und in ihrer Sprache erklärte, warum wir ausmisten.

Ein guter Anfang für so eine Aktion sind Gegenstände, an die das Kind emotional nicht besonders gebunden ist. Bei uns waren das die Trinkflaschen. Die Frage, welche davon Marta am liebsten mag, war rasend schnell beantwortet. Sie wollte meine Flasche, die ich zum Sport mitnehme, haben. So kam es, dass alle Kinderflaschen aus unserem Küchenschrank auszogen und Marta und ich uns eine Flasche teilen. Beim Thema Schnuller war es am Ende auch einfacher als zunächst gedacht. Sie wusste sehr genau, welche sie gernhat und welche nicht. Unsere Ausbeute bestand aus gerade mal einem Raketen-Schnuller. Sicherheitshalber habe ich den gleichen als Ersatzschnuller aufbewahrt, falls der eine verloren geht, er kam jedoch nie zum Einsatz. Interessanterweise achtete Marta besser auf ihren Sauggefährten – dieser hatte von nun an einen festen Platz und wurde lediglich im Bett benutzt. Bei Ausflügen blieb er zu Hause, damit er nicht verloren geht.

Diese Art der Umsetzung war nicht meine Entscheidung, sondern ihre. Ich habe meine Tochter über ihren Besitz entscheiden lassen und darauf war sie sehr stolz. Das ließ sich auf beliebig viele Gegenstände in doppelter und dreifacher Ausführung erweitern. So können Kinder lernen, was es bedeutet, auf die eigenen Sachen aufzupassen und sie zurückzulegen, nachdem sie verwendet wurden. Wenn es nur noch wenige davon gibt, ist die Wertschätzung für das Einzelne viel größer. Aber auch die Laune ist schneller im Keller, falls mal etwas verloren geht. Das gehört dazu, wenn man beginnt, für seine eigenen Sachen Verantwortung zu übernehmen. Es ist auch eine gute Übung für das Ausmisten der Spielsachen. Dem Thema widme ich mich ausführlich im Kapitel »Decluttering – ausmisten und Ordnung schaffen« (S. 91).

Müll vermeiden

Minimalistisch und nachhaltig zu leben in einem ist manchmal nicht möglich. Es sammeln sich automatisch Dinge an, die man wegwirft. Spielfiguren zum Beispiel oder kaputte Kinderklamotten. Oft lohnt sich der Aufwand nicht, einzelne Sachen zu inserieren, beispielsweise eine Ü-Ei-Figur oder ein Werbegeschenk, das unbemerkt in unseren Haushalt gelangt ist. Dann bleibt mir häufig leider nichts anderes übrig, als es wegzuwerfen. Damit das in Zukunft möglichst selten passiert, versuche ich, so wenig wie möglich dazuzukaufen. Ich möchte nur das erwerben, was ich regelmäßig benutze und nicht leihen kann.

Auch auf die zahlenreichen Werbegeschenke möchte ich verzichten, die einem im Kaufhaus mit Kind angeboten werden und auf den ersten Blick hilfreich sind, denn so kann die Kleine beim langweiligen Einkaufsprozess wenigstens mit dem Fidget-Spinner (zu Deutsch Handkreisel) spielen. Nach wenigen Minuten ist dieser jedoch schon nicht mehr interessant. In solchen Situationen versuche ich, einen Bogen um die Werbegeschenke zu machen, sodass Marta sie erst gar nicht zu Gesicht bekommt. Oder aber ich lasse sie damit spielen und bringe es später zurück.

Nachhaltig zu leben bedeutet unter anderem, Plastikmüll zu vermeiden, wo es nur geht. Im Alltag lässt sich sehr leicht auf Einwegkaffeebecher, Strohhalme, Plastikgeschirr und Einkaufstüten verzichten. Wer einmal damit angefangen hat, merkt schnell, dass sich das gut umsetzen lässt. Ich wurde immer radikaler und habe bei jeder Kleinigkeit überlegt, wie ich meinen Plastikkonsum noch weiter reduzieren kann. Leider ist es jedoch häufig so, dass die guten Vorsätze spätestens beim Einkaufen im Supermarkt um die Ecke über Bord geworfen werden müssen. Das Biogemüse wird aufwendig in Folie verschweißt, weil so mehr Qualität und dadurch auch mehr Wert suggeriert wird. Die Konsumenten haben in den meisten Supermärkten häufig keine andere Möglichkeit, als in Plastik verpackte Produkte zu kaufen. Daran sind nicht die Konsumenten schuld, sondern die produzierenden Industriebetriebe.

Immerhin, seit Januar 2019 gibt es ein Verpackungsgesetz, das eine freiwillige Verpackungsvermeidung fordert. Laut einer nichtrepräsentativen Untersuchung von Verbraucherzentrale Bundesverband (vzbv) geht der Einsatz von Plastikverpackungen in vielen Märkten nur schleppend zurück. Wer umweltfreundlich einkaufen will, wird dementsprechend zur Kasse gebeten: Bei 57 % der Preisvergleiche von Ernteprodukten ist die verpackte Variante wesentlich günstiger. Die Verbraucherschützer fordern den Handel auf, das Angebot an unverpacktem Obst und Gemüse deutlich auszuweiten.

Unverpacktes Biogemüse bekommt man auch gut auf dem Wochenmarkt. Und ein Einkauf dort zusammen mit den Kindern bringt außerdem auch viel mehr Spaß, ist aus Zeitgründen jedoch nicht immer möglich.

Selbermachen statt kaufen

Selbermachen statt kaufen macht Spaß, kostet meistens weniger als Fertigware und hinterlässt auch weniger Verpackungsmüll. Und jeder kann es. Hier Ideen für Dinge, die du nicht kaufen musst – sondern einfach selber machen kannst:

Putzmittel: Aggressive und desinfizierende Reiniger sowie weitere chemische Putzmittel verschmutzen unser Abwasser. Biologische Reinigungsmittel sind mindestens genauso gut, und wer noch engagierter im Thema Umweltschutz unterwegs ist, produziert das Putzmittel einfach selbst. Dafür braucht es keinen Abschluss in Biochemie oder besondere Haushaltsskills. Ich nutze häufig mit Wasser verdünnten Essig zum Entkalken oder Olivenöl zur Politur von Holzmöbeln.

Zahnpasta: Dafür brauchst du 3 EL Natron, 1 TL Schlämmkreide, 3 EL kalt gepresstes Bio-Kokosöl, 25 Tropfen Bio-Pfefferminzöl und etwas Xylit.

Creme: Gerade bei Babys und Kleinkindern ist es wichtig, dass man weiß, was sich in den Pflegeprodukten befindet. Oliven- oder Kokosöl reichen meistens aus, um die zarte Haut zu versorgen. In Plastik abgefüllte Lotions mit Duftstoffen sind völlig überflüssig.

Feuchttücher: In vielen konventionellen Babyfeuchttüchern stecken gesundheitsgefährdende Konservierungsmittel. Dabei kann man Feuchttücher einfach aus alten Stoffresten, Bettlaken oder Handtüchern selbst herstellen. Eingetunkt in Kokosöl reinigen sie den Babypo – und werden gleichzeitig upgecycelt. Ein weiteres Plus: Die selbst gemachten Feuchttücher sind waschbar und somit wiederverwendbar.

Quetschies: Alle lieben Quetschies, diese Fruchtsaftgetränke im Quetschbeutel. Dabei produzieren sie unglaublich viel Müll dafür, dass sich fast nichts in der Verpackung befindet und sie zudem noch teuer sind. Statt richtiger Früchte enthalten Quetschies oft Fruchtmark und Fruchtkonzentrate und jede Menge Zucker. Die Fruchtmus-Leckereien können aber auch ganz leicht selbst hergestellt werden: einfach aus Obst und Gemüse aus saisonalem Anbau Fruchtmus herstellen und in spezielle Mehrweg-Quetschbeutel füllen. Die Beutel sind zwar auch aus Kunststoff, können aber immer wieder befüllt werden. Außerdem können sie problemlos in der Spülmaschine gereinigt werden. So wird nicht nur die Umwelt geschont, sondern auch der Geldbeutel.

Upcycling als Nachmittagsbeschäftigung: Eine gelungene Beschäftigung an einem verregneten Tag ist es, alles nutzlos in der Wohnung Stehende mit etwas Kreativität in wahre Unikate zu verwandeln. Im Internet finden sich zahlreiche Anleitungen, wie sich Milchpackungen in Laternen oder Gitarren verwandeln oder wie ein Roboter und eine Biene aus Konservendosen entstehen.

Fair-Reisen

Viele junge Familien nutzen die Elternzeit als Reisezeit. Wann sonst bekommen berufstätige Paare die Möglichkeit, zwei Monate am Stück gemeinsam zu verreisen? Diese freie, vom Staat finanzierte Zeit ist eigentlich dafür gedacht, dass Väter die Mütter nach der Geburt von den Strapazen entlasten und die neue Familie gemeinsame Tage und Wochen zusammen verbringen kann. So soll das Kennenlernen und Ankommen erleichtert werden. Es wird viel darüber debattiert, ob ein Urlaub unter Palmen auf Staatskosten nun sinnvoll ist oder nicht. Für mich wäre Urlaub außerhalb der eigenen vier Wände zu anstrengend gewesen. Marta schlief kaum und ich musste mich aufraffen, um überhaupt rauszugehen, so müde war ich.

Wo und wie man seine Elternzeit verbringt, sollte jedes Paar selbst entscheiden. Hauptsache ist doch, dass es im Kreis der Familie geschieht: Das geht in Buxtehude ebenso wie im Allgäu oder in der Karibik – und gerade die Entspannung ist in der Ferne vielleicht größer als zu Hause. Reisen mit Kindern, ob bereits im Kleinkindalter oder mit einem Baby, hat einen anderen Rhythmus. Es muss viel mehr geplant werden als in der Zeit ohne Kinder. Sich treiben zu lassen und in der Nacht vor Ort nach einem geeigneten Hotel zu suchen ist mit Kindern deutlich unentspannter als alleine. Ganztägige Gruppenausflüge kann man zwar wagen, aber es wird mit kleinen Kindern überall da schwierig, wo individuelle Bedürfnisse keinen Platz haben. Kinder haben nämlich viele davon – so alle zehn Sekunden.

Trotzdem lohnt sich das Reisen mit Kindern: Landschaften entdecken, Kulturen erleben, kulinarische Vielfalt genießen und vor allem einfach mal aus dem gewohnten Umfeld entfliehen und gemeinsam Zeit mit Mama und Papa verbringen. Reisen erfüllt uns auf allen Sinnesebenen. Und besonders für die Entwicklung der Kinder sind diese neuen Einflüsse äußerst wichtig. In Deutschland werden jährlich mehr als drei Milliarden Euro für Spielsachen ausgegeben. Das schönste Plüschtier oder die coolste Eisenbahn können aber nicht das bieten, was ein gemeinsamer Urlaub bietet.

Es scheint sehr schwer, sogar fast unmöglich, heutzutage seinen Urlaub korrekt und wirklich nachhaltig zu verbringen. Das beginnt bereits bei der Auswahl des Urlaubsziels. Nachhaltiges Reisen fängt nämlich bereits mit der Anreise an. Wer nachhaltig reist, sollte im Idealfall mit öffentlichen Verkehrsmitteln, also mit Zug oder Bus, anreisen. Allerdings sind manche Reiseziele nur mit dem Flugzeug erreichbar.

Jedes Jahr Allgäu und Nordsee werden irgendwann auch langweilig. Mithilfe von Projekten zur CO_2-Kompensation kann man etwas mehr zahlen und das schlechte Gewissen beruhigen. Das ausgestoßene CO_2 wird dann immerhin in weltweite Klimaschutzprojekte investiert. Es gibt jedoch weitere Faktoren, die eine wichtige Rolle beim nachhaltigen Reisen spielen, zum Beispiel Naturschutz und Artenvielfalt. Auch die soziale Verträglichkeit sollte beachtet werden. Das bedeutet, dass faire Löhne gezahlt werden und faire Arbeitsbedingungen herrschen. Aber auch das Verhalten jedes Einzelnen spielt eine große Rolle: In manchen Regionen besteht Wasserknappheit, hier sollte es selbstverständlich sein, dass auch Touristen knappe Ressourcen schonen und unnötigen Müll vermeiden.

Häufig können nicht alle Punkte des nachhaltigen Reisens eingehalten werden. Es ist aber wichtig, dass die eigenen Kinder sehen, wie sich die Eltern verhalten, und davon lernen können. Eine Reise mit dem Auto erscheint zunächst wegen des Gepäcks praktischer. Wer aber mit seinem minimalistischen Lebensstil ohnehin bereits reduziert hat, dem fällt es leichter, weniger oder nur das Nötigste einzupacken. Eine Reise mit dem Zug ist für alle, vor allem für den Fahrer, um einiges entspannter. So kann die Anfahrt schon als Teil des Urlaubs gesehen und genutzt werden.

Für ältere Kinder ist Schwimmen ein wichtiger Bestandteil eines Urlaubs. Je nachdem, wo man sich befindet, bieten sich vielleicht Alternativen zum Pool, beispielsweise Naturpools, Salzwasserpools, solarbeheizte Pools, das Meer oder ein schöner See. Ein Bauernhof kann mindestens genauso interessant sein wie ein animierter Cluburlaub in einer Hotelanlage. Die Non-Profit-Organisation Ethical traveler veröffentlicht jedes Jahr ein Ranking von zehn Entwicklungsländern, in die man mit gutem Gewissen reisen kann. Die Kriterien dabei: Umweltschutzstandard, soziales Wohl und Einhaltung der Menschenrechte vor Ort. Eine Übersicht von Unternehmen, die faire Reisen anbieten, findest du im Serviceteil (S. 181).

Minimalismus-Hacks

- Leihen: Bereits getragene Kleidung, ob geliehen oder secondhand gekauft, enthält durch das häufige Waschen weniger Schadstoffe. Setze lieber auf qualitativ hochwertige Sachen, die fair produziert wurden und eine längere Lebensdauer haben.
- Mieten: Onlineshops bieten Möglichkeiten, Kleidung und weitere Dinge unkompliziert für einen bestimmten Zeitraum zu mieten.
- Teilen: Vielleicht hast du nette Nachbarn oder Freunde in der Nähe, die Kinder in ähnlichem Alter haben. Überlege, ob es Anschaffungen gibt, die ihr euch teilen könnt, zum Beispiel Fahrradanhänger oder Ersatzautositz.
- Müll vermeiden: Überlege, in welchen Bereichen du Müll bestmöglich vermeiden kannst. Wechsle die Windeln so oft wie nötig, aber so selten wie möglich. Du kannst auch Waschlappen statt Feuchttücher und Moltontücher statt Plastikauflagen verwenden.
- Die Von-allem-nur-zwei-Regel: zwei Teller, zwei Tassen, zwei Schnuller – und die bewahrst du an einem festen Ort auf. Das gibt deinem Kind Sicherheit und es lernt, Verantwortung für seine Sachen zu übernehmen.
- Fair reisen: Lieber Zug statt Flugzeug, lieber Bauernhof statt Hotelanlage oder Kreuzfahrtschiff. Überlege, was zu deiner Familie passt.

DECLUTTERING – AUSMISTEN & ORDNUNG SCHAFFEN

Decluttering – das ist ein schickeres Wort für Ausmisten, Entrümpeln und Loswerden. Mit diesem stilsicheren Ausdruck schwappt ein ganzer Trend von Übersee in die Tiefen unserer Haushalte. Die Tatsache, dass es eine schicke englische Umschreibung dafür gibt, macht den unschönen Akt des Ausmistens aber leider nicht angenehmer. Hier geht es um die staubigsten Kapitel unserer Vergangenheit. Wohin mit dem ganzen Ramsch, der sich über die Jahre in den hintersten Ecken der Küchenschränke, Kleiderschränke und in sämtlichen Schubladen eingenistet hat?

Ausmisten ist eine ganze Menge Arbeit und erfordert viel Energie und Durchhaltevermögen. Insbesondere im Kinderzimmer. Hier türmen sich nicht nur die Klamotten, sondern auch die vielen Mitbringsel, Weihnachtsgeschenke, Geburtstagsgeschenke, Nur-mal-so-Geschenke und Weitervererbtes von den größeren Geschwistern, Cousins und Cousinen. Da kommt es schon hin und wieder vor, dass der ein oder andere Elternteil im Kinderzimmer steht und über einen Durchbruch zum nächsten Zimmer nachdenkt. Dieser wäre wahrscheinlich weniger nervenaufreibend, als mit der »Decluttering-Fee« im Zimmer des eigenen Sprösslings vorbeizukommen und zu diskutieren, welches Stück nun wirklich gebraucht wird und was wegkann. Nicht selten gehen da die Meinungen von Groß und Klein auseinander. Verirren sich diese Eltern durch den Flur ins eigene Wohnzimmer, stellen sie mitunter fest, dass auch hier die Dinosaurier und Kinderküchenutensilien Einzug gehalten haben. Wohin mit dem ganzen Zeug? Irgendwie wird mit allem ein bisschen gespielt, aber mit nichts so richtig.

Es kommt nicht auf die Anzahl an

Seien wir mal ehrlich, in den meisten Haushalten sieht es so aus: Würden 80 % der Dinge ausgemistet werden, könnte noch lange nicht von »Minimalismus« die Rede sein. Grundsätzlich geht es auch nicht darum, wie viele Dinge jeder besitzt. Minimalismus ist ein Lebensstil, der hilft, sich von Überflüssigem zu trennen, um freier und offener für die wichtigen Dinge zu sein. Jeder definiert »Überflüssiges« anders und benötigt unterschiedlich viele Dinge. Es spielt dabei keine Rolle, ob man nun 100 Dinge oder 1 000 besitzt.

Ein Kind kann sich unter »Minimalismus« nichts vorstellen. Fragt man es, wie viel es von seinem Spielzeug braucht, wird es nahezu alles von dem, was es hat, aufzählen. Fragt man ein Kind, was es sich noch wünscht, gibt es mit hoher Wahrscheinlichkeit innerhalb von Sekunden eine Antwort. Wenn es jedoch dazu kommt, dass einmal kein Spielzeug da ist, lässt sich schnell feststellen, dass es das eigentlich gar nicht gibt. Kinder haben eine so unglaubliche Fantasie, dass sie alles Mögliche zweckentfremden und damit spielen. Die Situation, dass es nichts oder zu wenig zum Spielen gibt, gibt es schlichtweg nicht. Trotzdem sind die meisten Kinderzimmer überfüllt mit unnützem Zeug. Vielen Eltern ist das bewusst, jedoch wissen sie nicht, wie sich die Spielzeugberge in den Griff bekommen lassen.

Andere Familienmitglieder respektieren

Um den liebgewonnenen Plunder, Kram und Firlefanz systematisch und nachhaltig auszusortieren, gibt es verschiedene Methoden. Welche dieser Methoden einem am meisten liegt, ist eine Typ-Frage. Einige Menschen wollen sich zuallererst den schwierigen, emotional behafteten Dingen widmen, andere üben zunächst bei den Kugelschreibern und Spülbürsten, um sich zuletzt an das Eingemachte zu wagen. Wichtig ist es, zu erkennen, dass jedem eine andere Methode gut liegt. Nur weil es mir selbst leichtfällt, heißt das nicht, dass mein Partner und mein Kind es genauso empfinden. Ich neige beispielsweise dazu, mich sehr schnell in solch ein Projekt hineinzusteigern, und erwarte unbewusst von den anderen beiden, dass sie es mir gleichtun. Dabei stören sie sich vielleicht nicht mal an dem ganzen Zeug, das wir in unserer Wohnung horten.

Ich habe mich bereits so lange und intensiv mit dem Thema Minimalismus und Decluttering auseinandergesetzt, dass ich unmöglich von meinen Mitmenschen erwarten kann, dass sie das gleiche Wissen haben wie ich. Dass sie nur noch darauf warten, dass ich ihnen ein paar Tipps und Tricks an die Hand gebe. Leider gehörten ein paar gescheiterte Versuche der Bekehrung dazu, bis ich das erkennen konnte. Meine Überzeugungsarbeit führte letztlich sogar dazu, dass Toby aus Protest bei jedem Messebesuch noch mehr Werbegeschenke mitbrachte und auf gemeinsamen Vater-Tochter-Ausflügen die zehnte Badeente, das 30. Stofftier oder ähnlichen Mist anschleppte. Es kam sogar dazu, dass meine aufwendig gefüllten Müllsäcke durchwühlt wurden und bereits abgelaufene Medikamente zurück an den ursprünglichen Ort wanderten. Eine sehr nervenaufreibende Geschichte, bei der unsere Beziehung an eine regelrecht gesundheitsgefährdende Grenze stieß.

Andere durch Handeln ermutigen

Schließlich entschloss ich mich, nur noch meine eigenen Dinge auszusortieren und die gemeinschaftlich genutzten Sachen so zu lassen, wie sie sind. Zunächst war die Kategorie Kosmetik dran, dann Bürobedarf und schließlich der Kleiderschrank. Marta hat währenddessen fleißig mitgeholfen und holte interessanterweise immer mehr Kleinigkeiten aus ihrem eigenen Zimmer, die sie nicht mehr gerne hatte und verschenken wollte. So vergingen ein paar Wochen und Wochenenden, an denen Marta und ich uns unserem Projekt widmeten und Toby teilnahmslos auf dem Sofa saß und Fußball schaute. Eines Abends war er jedoch in einem der Zimmer verschwunden und fing an, alte Zeitschriften und Fotos mit dem Handy abzufotografieren. Doch warum fotografiert man Fotos? Neben ihm stand ein blauer Sack, der bereits zur Hälfte gefüllt war. Ich ahnte, was hier vorging, und lernte dabei etwas ganz Entscheidendes: Nur weil es mir leichtfällt, Überflüssiges zu erkennen und aus meinem Leben zu eliminieren, heißt das noch lange nicht, dass das für jeden so ist.

Ich war immer davon überzeugt: Je mehr man aussortiert, desto glücklicher und aufgeräumter fühlt sich das eigene Leben an. Ich habe dabei keine emotionale Bindung an Sachen. Ich sehe ihre Funktion und entscheide daraufhin, ob ich sie brauche oder nicht. Mit diesem Fokus erledigten sich das Verschenken, Verkaufen und Wegwerfen von meinem Hab und Gut in Nullkommanichts. Toby hingegen hängt sehr an seinen Sachen und verbindet viele Erinnerungen damit. Ja, es gibt sogar Geschichten zu einzelnen Kaffeetassen in unserem Schrank. Das war für mich unvorstellbar. Mit der Methode, alle auszumistenden Dinge abzufotografieren, hat er jedoch eine Lösung gefunden, sich weiterhin an sie und ihre Geschichten zu erinnern. Dieser spezielle Prozess des Ausmistens dauerte natürlich ewig und war meiner Meinung nach überhaupt nicht effizient. Es blieb dabei nicht nur beim Fotografieren, sondern die entstandenen Bilder wurden an sämtliche Freunde der Whatsapp-Kontaktliste gesendet und die Geschichten wurden weitere Male geteilt.

Ich verstand allmählich, aus welchem Grund er sich so dagegen gewehrt hatte, und begriff, dass er das nicht tat, um mich zu ärgern oder mir eins auszuwischen. Durch das alleinige Aussortieren meiner eigenen Sachen und das Respektieren der Besitztümer von Toby und Marta habe ich keinen Druck mehr auf sie ausgeübt. Ich hatte keine Erwartungshaltung und dadurch auch keine Vorstellung, was sie mit ihren Sachen machen sollten. So hatten sie die Möglichkeit, mein Ergebnis zu beobachten und selbst zu entscheiden, was wegkann und was ohne Rechtfertigung dableiben darf.

Eine persönliche Ausmiststrategie finden

Es gibt keine ultimative Methode, mit der sich die Masse der Habseligkeiten in den Griff bekommen lässt. Jeder muss für sich selbst rausfinden, welches Vorgehen am besten passt. Kinder benötigen natürlich die elterliche Unterstützung, sollten aber bestenfalls selbst entscheiden, was sie gerne haben und wirklich benötigen und was überhaupt nicht mehr genutzt wird. Das funktioniert bereits im frühen Alter. Meine damals zweijährige Tochter hatte beim Aussortieren weniger Probleme als ihr 40 Jahre älterer Vater. Auch wenn es am Anfang nur schleppend vorangeht und die Auslese gerade mal auf drei Ü-Eier-Figuren kommt, sollte man die Geduld nicht verlieren. Es ist ein Prozess, der letztlich langfristig hilft, zu entscheiden, was man wirklich braucht und was überflüssig ist.

Das kann jeder nur für sich alleine lernen, genauso, wie jeder auch nur seine eigenen Dinge reduzieren kann, nicht die der anderen. Das wäre übergriffig und hat im Endeffekt die logische Konsequenz, dass der andere einfach weiter konsumiert wie bisher und neue unnötige Dinge ansammelt. Der Schock und das Auseinandersetzen mit der Masse an materiellen Gütern beim Ausmisten sind wichtig, um zu definieren, wie viel oder wie wenig man selbst benötigt. Deshalb finde ich es nicht sinnvoll, sich an bestimmte Grenzen wie maximal 100 Dinge oder Ähnliches zu halten. Denn auch die persönliche Anzahl der einzelnen Gegenstände muss jeder für sich selbst bestimmen.

Zieldefinition

Die einzige Frage, die sich alle Declutter-Enthusiasten und -Interessenten vorab stellen sollten, ist: Was ist mein Ziel? Umräumen, Aussortieren und Weggeben können ganz schön anstrengend sein. Da hilft es, ein Ziel vor Augen zu haben. Das kann die Aussicht auf schnelleres Putzen oder eingespartes Geld sein. Oder auch einfach nur darauf, endlich mehr Platz im eigenen Zuhause zu haben. Wem klar ist, was er genau mit der geplanten Ausmist-Aktion bezwecken will und was er davon erwartet, dem fällt es leichter, tatsächlich anzufangen. Wer sich diese Frage beantworten kann und den Sinn dahinter sieht, hat genügend Energie, das Ausmisten durchzuhalten. Nur so lässt sich das eigene Konsumverhalten nachhaltig und langfristig ändern. Wer einmal ausprobiert hat, mit weniger Dingen zurechtzukommen, sieht sehr schnell, wie wenig man für ein glückliches Leben wirklich braucht.

Für Kinder ist das Ziel hinter dem Ausmisten natürlich ein anderes als für Eltern. Vielleicht wünscht es sich ein bestimmtes Spielzeug oder einen größeren Ausflug. Hier können Eltern das Kind ermutigen, seine ungenutzten Dinge gemeinsam auf einem Flohmarkt zu verkaufen. Mit dem eingenommenen Geld kann es sich seinen Wunsch selbst erfüllen. So entsteht nicht nur eine größere Wertschätzung, sondern auch ein Gefühl dafür, was wirklich benötigt wird und was überflüssig ist.

Es gibt verschiedene Wege, um zu einem aufgeräumten, minimalistischen Zuhause zu kommen. Ich habe ein paar Methoden gesammelt:

30-Tage-Minimalismus-Spiel

Dieser sehr spielerische Ansatz ist gut geeignet, um mit Kindern gemeinsam auszumisten, zum Beispiel als Familienprojekt. Dabei mistet jeder seine eigenen Dinge aus. Insgesamt dauert das Minimalismus-Spiel 30 Tage. Am ersten Tag sucht jeder einen Gegenstand, den er nicht mehr benötigt und ausmisten möchte. Am zweiten Tag dann zwei Dinge, am dritten drei und so weiter. Je nachdem, wie weit bereits gezählt werden kann, darf auch auf eine kleinere Gesamtzahl der Tage reduziert werden. Wir haben sehr gute Erfahrungen mit dieser Methode gemacht und sind in eine regelrechte Ausmist-Euphorie geraten.

Klein anfangen

Meine ersten Ausmistversuche sind daran gescheitert, dass ich mich vor einem riesigen, unüberwindbaren Berg Zeug wiedergefunden habe. Ich war so motiviert, dass ich in sämtlichen Bereichen unserer Wohnung angefangen habe. Nach wenigen Tagen sah es schlimmer aus als zuvor und ich habe aufgegeben, bevor ich überhaupt angefangen hatte. Wenn man sich stattdessen ganz kleine Abschnitte für den Anfang vornimmt, kann das helfen. Jeden Tag nur ein paar Minuten oder für den Anfang erst mal nur eine Schublade. Jeder Anfang ist ein guter Anfang, und kleine Erfolge motivieren genauso!

Das Schlimmste zuerst

Jeder weiß, der Endgegner kommt erst, wenn man sich erfolgreich durch ein paar Level durchgekämpft hat. Beim Decluttering darf das ganze Spiel gerne umgedreht werden: Hier trennt man sich als Erstes von den liebsten Dingen. Hat man das überstanden, kann es kaum schwieriger werden. Ein weiterer Vorteil dieser Methode ist, dass man zu Anfang noch die Muße hat, einen neuen Besitzer für das zu klein gewordene Lieblings-Shirt und die anderen Herzensdinge zu bestimmen. So behalten sie ihren Wert.

Kaufmannsladen rückwärts

Wie im Tante-Emma-Laden können Eltern und Kinder durchs Zimmer schlendern und shoppen gehen. Dazu braucht es nur einen Korb für jeden Teilnehmer. Ist das Behältnis voll, treffen sich alle wieder. Das Kind darf in den elterlichen Korb schauen, und falls es etwas nicht hergeben will, können die Erwachsenen versuchen, ihren Standpunkt zu erklären. Auch hier gilt: Falls das Kind nicht überzeugt werden kann, darf es die Sachen behalten. Das Kaufmannsladen-rückwärts-Spiel darf auch gerne auf die Gemeinschaftsräume erweitert und beliebig oft wiederholt werden. Der Inhalt der Körbe wird an einem Ort gesammelt, und wenn genügend da ist, kann man es auf einem Flohmarkt verkaufen.

Minimalismus in the Box

Das ist eine spielerische Methode, die sich gut für größere Kinder eignet. Hier werden alle Dinge in Umzugskisten gepackt. Die Kartons bleiben im leeren Zimmer stehen und in den nächsten Tagen lebt man aus der Box. Dinge, die in dieser Zeit benötigt werden, kommen wieder an den gewohnten Ort. Alle anderen Dinge können nach der Aktion verschenkt, verkauft oder entsorgt werden.

Bei Bügelwäsche lässt sich das Spiel gut abändern: Hier werden zunächst alle Kleiderbügel im Schrank umgedreht. Danach setzt man sich einen Zeitrahmen zwischen sechs Wochen und sechs Monaten. Immer wenn etwas getragen wird, kann es wieder richtigherum im Schrank aufgehängt werden.

Vier-Kisten-Methode

Diese Methode ist eine schnelle und einfache Variante von »Minimalismus in the Box«. Sie stellt nicht gleich das ganze Leben beziehungsweise die Wohnung auf den Kopf. Vier große Boxen werden mit »Weggeben«, »Wegwerfen«, »Behalten« und »?« beschriftet. Dann sucht man sich eine Ecke, ein Zimmer oder auch nur eine Schublade aus. Ziel ist es, möglichst schnell alles auszuräumen und auf die vier Kisten zu verteilen.

In die Kategorie »Weggeben« kommt alles, was nicht mehr benötigt wird, aber zu schade zum Wegwerfen ist. Das kann Kleidung sein, die zu klein ist, Bücher, die bereits gelesen wurden, oder Spielzeug, mit dem nicht mehr gespielt wird – alles, worüber sich andere noch freuen könnten. Die Sachen aus dieser Kiste können anschließend verkauft, verschenkt oder gespendet werden. Das entscheidet man jedoch erst ganz am Ende.

Die Kiste »Wegwerfen« lässt sich leider nicht vermeiden. Grundsätzlich versuche ich, darauf zu achten, möglichst wenig wegzuwerfen. Doch manche Dinge sind kaputt und können nicht mehr repariert werden oder es handelt sich um Teile, die die Welt nicht braucht.

Bei manchen Sachen ist von vornherein klar, dass man sie behält. Statt sie im Schrank oder in der Schublade zurückzulassen, sortiert man sie in die dritte Kiste mit dem Namen »Behalten«. Das hat den Vorteil, dass man am Ende der Aktion nichts vergisst und auch die Möglichkeit hat, Regalfächer endlich mal ordentlich auszuwischen.

Nicht alle Dinge lassen sich sofort in die drei Kategorien einordnen. Deshalb gibt es eine vierte Kategorie, die den Namen »?« trägt. Hier landet alles, was einem nicht persönlich gehört oder von dem man sich unsicher ist, ob es noch gebraucht wird. Später kann in Ruhe gemeinsam über die Sachen in der Kiste geschaut werden. Dann wandern sie entweder in die anderen Kisten oder die Box kommt in eine Ecke und alles, was in der nächsten Zeit benutzt wird, kommt an den ursprünglichen Ort. Nach sechs Wochen schaut man noch mal in die Kiste und kann alles Übriggebliebene weggeben.

Für Kinder, denen es sehr schwerfällt, Dinge auszusortieren, ist dies eine gute Methode, um zu veranschaulichen, wie viel in den jeweiligen Kisten landet. So wird schnell klar, dass die Ausmistaktion nichts bringt, wenn sich anschließend alles in der dritten Kiste befindet. Die Methode ist perfekt für alle, die aus der Ausmistaktion kein Retreat machen wollen. Gerade Kleinkinder haben nicht die Aufmerksamkeitsspanne, um tagelang auszusortieren. So bleibt es spielerisch und es entsteht kein Druck.

KonMari-Methode

Die wohl bekannteste Methode, die von der Japanerin Marie Kondo ins Leben gerufen wurde, nennt sich »KonMari«. Kondo beschreibt in ihrem Buch »Magic Cleaning«, wie Aufräumen und Ausmisten das gesamte Leben verändern. Auch ich habe das Buch gelesen und war spätestens bei dem Hinweis, dass sie selbst nur zweimal im Jahr ihre Wohnung aufräumt, überzeugt. Grundsätzlich geht es bei dieser Vorgehensweise um eine ganz bewusste Auseinandersetzung mit den Dingen, die das eigene Leben ausmachen. Es ist ein sehr zeitaufwendiges Verfahren, das sich nicht mal eben nebenbei erledigt.

Das Kernstück der KonMari-Methode ist das Vorgehen nach Kategorien. Hier nimmt man sich nicht einzelne Schubladen oder Schränke vor, sondern alle Gegenstände aus einer Kategorie werden auf einem Stapel gesammelt, beispielsweise »Dokumente«. Hier werden unter anderem alle Kugelschreiber, die sich in den hintersten Ecken sämtlicher Schubladen verstecken, hervorgeholt. Die Idee dabei ist, die Masse an Zeug zu sehen, die man pro Kategorie besitzt.

Die genaue Reihenfolge der Kategorien ist vorgegeben. So steigt die Schwierigkeit mit dem Erlernen der Methode und man fühlt sich nicht schon am Anfang überfordert. Schwierig wird es trotzdem das ein oder andere Mal.

Kategorie zusammensuchen: Manche Gegenstände einer Kategorie tummeln sich in verschiedenen Bereichen der Wohnung. Gerade bei Kleinkram ist es so, dass er überall dort ist, wo er gerade gebraucht wird. Sucht man bestimmte Sachen, kann man sie in dem Moment häufig nicht finden. Der erste Schritt besteht deshalb darin, alle Dinge einer Kategorie zusammenzusuchen. Als ich gesehen habe, welcher Berg von Kleidungsstücken sich vor mir auftürmte, habe ich einen regelrechten Schock bekommen. Wie konnte ich das alles in nur einem Schrank verstauen? Mir war bis zu diesem Zeitpunkt nicht bewusst, wie viele Klamotten ich besitze. Ich war auf einen Schlag davon überzeugt, dass ich von allem zu viel habe. Nach diesem Schritt startet der eigentliche Prozess.

Bewusste Wahrnehmung: Hierbei nimmt man jedes Teil einzeln in die Hand. Es geht darum, sich genau auf das Gefühl zu konzentrieren, das hochkommt, und welche Erinnerungen mit dem Gegenstand verbunden werden. Da es mir sehr leichtfällt, Dinge auszusortieren und ich keine emotionale Verbindung zu Kaffeetassen aufbaue, habe ich diesen Punkt hin und wieder übersprungen. Für andere ist dieser Schritt aber sehr wichtig, um zu entscheiden, ob das Teil noch benötigt wird.

Entscheidung: Im nächsten Schritt geht es darum zu entscheiden, was man behalten möchte. Hierbei stelle ich mir die konkrete Frage: »Entfacht dieser Gegenstand in mir Freude?« Das kann heißen, dass ich den Gegenstand einfach schön finde und mich an seinem Anblick erfreue oder dass ich schöne und wichtige Erinnerungen damit verbinde. Mir hat es geholfen zu überlegen, was praktisch ist und mein Leben tatsächlich vereinfacht und was nur Platz wegnimmt und mir Zeit raubt, da ich es aufräumen muss. Diese Gegenstände kommen auf den »Weggeben«-Haufen. Die, die mich glücklich machen, kommen auf den »Behalten«-Haufen.

Den richtigen Platz finden: Erst nachdem alle zusammengehörenden Kategorien abgeschlossen sind, kann entschieden werden, welche Gegenstände an welchen Platz kommen. Es ist wichtig, sie sinnvoll zu organisieren. Wichtig ist, dass alle Gegenstände auf einen Blick sichtbar und gut erreichbar sind. Kleidungsstücke werden beispielsweise zusammengerollt. Das bringt einen großen Vorteil, denn von nun an konnte ich Ordnung im Kleiderschrank halten. Vorher habe ich in der morgendlichen Hektik ein Shirt von unten aus dem Stapel gezogen und alles ist in sich zusammengefallen. Schon nach kurzer Zeit war der ursprüngliche Zustand der Unordnung wieder erreicht. Jetzt räume ich meinen Kleiderschrank tatsächlich nur noch ein- bis zweimal im Jahr aus. Auch Kleinkinder haben so die Möglichkeit, ihre eigenen Sachen zusammenzurollen und in die richtigen Boxen im Kleiderschrank einzuordnen.

Ein großer Vorteil dieser Methode ist die Konzentration auf die Frage »Was behalte ich?« anstatt »Was werfe ich weg?«. Dadurch baut sich weniger Widerstand auf. Während der Ausmist-Aktion bekommt man einen sehr guten Überblick über die Dinge, die man besitzt, und wie viel Platz zur Verfügung steht. Das wirkt sich wiederum auf das Konsumverhalten aus. Ich habe automatisch viel bewusster Kaufentscheidungen getroffen und mir danach sogar vorgenommen, ein ganzes Jahr lang gar nichts Neues mehr zu konsumieren. Wenn ich etwas wirklich dringend brauche, leihe ich es oder besorge es im Secondhand-Laden. Bei jedem neuen Teil stelle ich mir die Frage, ob ich es wirklich brauche.

Die KonMari-Methode ist jedoch sehr zeitaufwendig und anstrengend. Zwischenzeitlich sieht die Wohnung schlimmer aus als zuvor. Menschen, die sich schnell entscheiden können, haben weniger Mühe mit der Technik als Leute, die ein »Weiß nicht«-Zwischenlager bevorzugen.

Minimalismus-Hacks

- Nicht alles auf einmal aufräumen und keine zu hohen Ziele stecken: lieber klein anfangen und nicht gleich den gesamten Haushalt auf den Kopf stellen. Sonst riskierst du, dass du aufhörst, bevor du wirklich angefangen hast.
- Ein konkretes Ziel haben: Ausmisten braucht einen langen Atem. Wenn klar ist, was der Sinn und Zweck der Aktion ist, fällt es leichter durchzuhalten.
- Die Mitmenschen respektieren: Vielleicht machen deine Kinder und dein Partner nicht die gleiche Entwicklung durch wie du. Die Wahrscheinlichkeit, dass sie über Nacht das gleiche Aha-Erlebnis gehabt haben, ist sehr gering. Lass ihnen daher die Zeit und entsorge nicht heimlich ihr Eigentum.
- Keine perfektionistischen Vorstellungen: Minimalismus soll helfen, das Leben leichter zu machen, nicht anstrengender. Es geht nicht um eine definierte Maximalanzahl von Dingen.

KINDERERZIEHUNG HEUTE & FRÜHER

Draußen spielen und Staudämme bauen. Nach Hause kommen, sobald die Laternen leuchten. Bum-Bum-Eis im Schwimmbad schlecken und die Marmelade vom Pausenbrot ablecken. Gehört das in Zukunft der Vergangenheit an? Kaum ein Lebensabschnitt hat sich in den letzten 70 Jahren so stark verändert wie die Kindheit. Alleine draußen auf der Straße spielen war gestern. Heute sind die Spielplätze eingezäunt und die Bolzplätze verschwunden. Um den Sandkasten herum sitzen mehr Erwachsene als Kinder. Eltern organisieren die Freizeit, Mütter sind Familienmanager. Wie war das eigentlich früher und war es da wirklich besser?

Sicher nicht. Kinderarbeit und andere Zwangsmaßnahmen gehören in der westlichen Welt zum Glück der Vergangenheit an. Der autoritäre Stil, der mit Strenge, vielen Regeln und Druck arbeitet, hat mittlerweile ausgedient. Das sind große Errungenschaften, die sich hoffentlich nie mehr ändern werden. Doch was in der Zwischenzeit klammheimlich in die Erziehung Einzug gehalten hat, ist die Angst zulasten der Freiheit, die Kontrolle zulasten der Fürsorge. Die Töchter und Söhne von heute hocken zu Hause, behütet von besorgten Eltern, und erleben keine Abenteuer mehr.

In diesem Moment stellt sich mir die Frage: Können wir uns durch Minimalismus in der Erziehung wieder auf das Wesentliche fokussieren? Indem Eltern sich in bestimmten Situationen zurücknehmen, bekommen Kinder die Möglichkeit, Selbstwirksamkeit zu entwickeln und Dinge auszuprobieren.

Meine schönsten Kindheitserinnerungen sind das Umherstreifen im Wald, mit Freunden oder allein. Ohne Eltern, die einem ständig über die Schulter schauen. Sogar ohne Tupperdose und Trinkflasche. Die einzige Warnung, die seitens der Erwachsenen ausgesprochen wurde, war die Angst vor dem Fuchsbandwurm, wenn ich mal wieder die halbe Brombeerhecke geplündert hatte. Wahrscheinlich war meine Oma aber lediglich besorgt um die jährliche Ausbeute für ihre berühmte Marmelade und nutzte die unsichtbare Fuchskotbelastung als Vorwand.

Heute können sich Kinder nicht mehr so kompetent und frei fühlen, weil wir ihnen nicht mehr so viel zutrauen. Auch ich selbst bin als Mutter da nicht ausgeschlossen. Auch ich habe sicherheitshalber immer eine kleine Dose Brezeln, natürlich ohne Salz, dabei, sogar wenn wir nur zum Spielplatz um die Ecke gehen. Als könnte jemand innerhalb von 30 Minuten verhungern. Der Gedanke, dass mein Kind alleine im Wald unterwegs ist, Flöße baut, obwohl es nicht mal richtig schwimmen kann – unvorstellbar. Wer würde das heute noch zulassen? Warum ist das so und wohin führt das in Zukunft?

Darüber rede ich mit Georges T. Roos. Er ist führender Schweizer Zukunftsforscher und Autor verschiedener Studien zum Thema Trends und Zukunft. »Was knapp ist, hat mehr Wert«, resümiert Roos. Es gibt pro Erwachsenen immer weniger Kinder, deshalb sind sie kostbarer. Die Eltern hingegen werden älter und machen teilweise aus ihren Nachkömmlingen eine Art Projekt, das lückenfrei geplant werden muss. »Früher sah man Kinder als Kinder und Eltern als Eltern. Heute möchten Eltern, dass Kinder sie cool finden und sie ihnen freundschaftlich zugeneigt sind. Es handelt sich hier um einen Zeitgeist. Die Eltern von heute wollen um jeden Preis alles richtig machen. Sie wollen das Beste für ihr Kind. Das war vor 50 Jahren schon so und hat auch weiterhin Bestand. Und doch ist vieles anders geworden. Das Vorhaben, jede nur erdenkliche Gefahr für die Kinder zu eliminieren, wird zur Hauptaufgabe junger Väter und Mütter und führt letztlich zu einer Art Elternhysterie und Elternparanoia. Schon bei der kleinsten Sache. Wir trauen unseren Kindern nichts mehr zu. Dadurch bekommen sie die Fähigkeit abgeschrieben, eigene Erfahrungen zu machen.«

Kind, zieh die Jacke an, Mama ist kalt!

Wer kennt es nicht: Die Dreijährige steht vor dem Spiegel, will das Sommerkleid bei Temperaturen um den Gefrierpunkt anziehen und den Schneeanzug an Tagen, an denen es früher Hitzefrei gegeben hätte. Im Zweifel muss man sie diese Entscheidung wenige Male treffen lassen. Nur so kann sie lernen, dass die Kleidungswahl im Zusammenhang mit dem Wetter steht.

Zum Thema spreche ich auch mit Gerlinde Unverzagt, Autorin und Erziehungsexpertin. Ich frage sie, warum wir so viel Angst vor vermeintlichen Gefahren haben und unseren Kindern so wenig zutrauen. »Objektiv gesehen ist die Umwelt sicherer geworden. Die Umgebung war noch nie so sicher wie heute, doch gleichzeitig hatte man noch nie so viel Angst. Den Preis dieser Angst zahlen die Kinder. Sie dürfen auf keinen Baum mehr klettern. Stattdessen werden sie mit einem iPad in die Ecke gesetzt.« Rein erzieherisch betrachtet bedeutet das, durch ihre übervorsichtige Art nehmen Eltern ihren Kindern die Fähigkeit, Gefahren zu erkennen. Der natürliche Umgang mit brenzligen Situationen geht verloren. So wird die Kindheit als eine Zeit voller Gefahren wahrgenommen. Die Gedanken der Eltern drehen sich helikopterartig eher um das Szenario, was passieren könnte, als darum, welche Erfahrungen sie ihren Kindern zumuten können. »Die Jungen und Mädchen dürfen es ihren Eltern nicht antun, mal einen blauen Fleck zu haben. Das ist völlig absurd«, sagt Frau Unverzagt, die sich bereits 2001 in ihrem Buch »Konsum-Kinder« mit der Frage auseinandergesetzt hat, was eigentlich fehlt, wenn es an nichts fehlt. »Was bei der Gleichung rauskommt, ist, dass man diese Angst gut nutzen kann, um zu verkaufen. Eltern, die zuversichtlich und selbstbewusst sind, denen kann man keine feuerfesten Strampelanzüge verkaufen.« Alles in allem ist es ihrer Meinung nach irrsinnig, was heutzutage an materiellen Gütern um ein Kind herum aufgetürmt wird. »Was ein einzelnes Kind zum Anziehen hat, hätte früher für ein ganzes Kinderheim gereicht.«

Unverzagt rät daher, unseren Kindern wieder mehr zuzutrauen. Dazu gehört, sich zu überwinden und den eigenen Bammel ein Stück weit auszuhalten. Ich bin eigentlich kein ängstlicher Typ, doch seitdem ich ein Kind habe, hat sich das geändert: Plötzlich verfüge ich über einen gut ausgebauten Gefahrenradar und sehe alles, was passieren könnte.

Damit ein Kind lernen kann, Gefahren selbst einzuschätzen, sollten wir uns unbedingt mit vorschnellen Warnungen zurückhalten und die Kinder an der »langen Leine« laufen lassen. Das kostet Überwindung, denn es bedeutet, die Kontrolle abzugeben. Es erfordert Mut, Kindern mehr Freiräume zuzugestehen. Ich frage mich nun regelmäßig, wo ich etwas mutiger werden könnte. Nur so kann ich mein Kind zu einem selbstständigen Menschen erziehen. Frei nach dem Motto »Trial and Error« – nur wer die Möglichkeit hat, Dinge auszuprobieren, kann zum Erfolg kommen. Entwicklungsforscher nennen das »Selbstwirksamkeit«. Sie ist essenziell, um Vertrauen in das eigene Können und in die eigenen Fähigkeiten zu entwickeln.

Fünf Tipps, um Selbstwirksamkeit zu fördern und zu stärken

Damit ein Kind mutig und selbstbewusst sein kann, muss es lernen, dass es etwas beeinflussen und bewirken kann – so wird es auch leichter, sich etwas zuzutrauen. Maria Montessoris Leitsatz »Hilf mir, es selbst zu tun!« beschreibt das sehr gut.

1. Vorbildfunktion: Ein Kind spürt intuitiv, wie sich die Eltern im Alltag verhalten. Wer positiv und souverän reagiert, überträgt das auch auf sein Kind.
2. Kontrolle abgeben: für mich die schwierigste Übung. Das fängt bereits beim Puzzeln an: Es lässt sich auch fertigbekommen, ohne die Ecken zuerst zu suchen und den Rand zusammenzubauen. Jeder lernt Dinge auf seine eigene Art. Kinder müssen die Möglichkeit haben, Dinge selbst zu probieren und herauszufinden, wie es am besten funktioniert.

3. Vertrauen schenken: Eltern kennen ihr Kind und seine Fähigkeiten am besten und sollten es im Glauben an sich selbst und an seine Fähigkeiten unterstützen. Ein Kind kann bereits früh üben, den Tisch zu decken oder bei anderen Tätigkeiten im Haushalt mitzuhelfen.
4. Fehler zulassen: Wer lernt, mit kleinen Frustrationen umzugehen, kann auch in Krisen besser reagieren. Eltern können ihr Kind unterstützen, indem sie gemeinsam Lösungen überlegen und besprechen, wie das Kind aus dem Misserfolg lernen kann.
5. Aufmerksam sein: Welche Interessen hat das Kind? Was braucht es, um diesen nachzugehen? Gegebenenfalls sollten Eltern unterstützen und ermutigen.

Ich lehne mich also zugunsten meines Kindes zurück und riskiere die ein oder andere Schramme, die dazukommt. Eine gute Portion Selbstbewusstsein, Vertrauen in das Kind und somit elterliche Souveränität fördert die Entfaltung von Körpergefühl, Sprache und Selbstvertrauen. Kinder brauchen Körpererfahrungen und Abenteuer. Erinnern wir uns zurück an unsere eigene, unbehütete Kindheit und die Erfahrungen, die wir während unserer Baumaßnahmen am Fluss und der Streifzüge durch den Wald sammeln durften.

Nur die Ruhe – Frustrationstoleranz stärken

Denken wir einmal an die Kindheit unserer Großeltern, als Zucht und Ordnung herrschten und die Rute aus den bösen Knaben gute machen sollte. Das Großwerden im 21. Jahrhundert hat unbestritten seine Vorteile. »Kinder wachsen in unseren Breitengraden in sehr liebevollen Verhältnissen auf«, sagt der Zukunftsforscher Georges T. Roos.

Kinder sind nicht mehr der Gegenstand unserer Erziehung, vielmehr begegnen wir ihnen in vielen Momenten auf Augenhöhe, passen unseren Erziehungsstil ihrem Charakter an und gehen auf ihre individuellen Bedürfnisse ein. Wir sind heute, aus gutem Grund, in keinem solch hierarchischen Verhältnis zu unseren Kindern mehr, wie es die Eltern vergangener Jahrzehnte und Jahrhunderte waren. Die Kindheit ist ein überaus bedeutender und prägender Abschnitt des Lebens.

Doch es gibt auch eine Kehrseite dieser sehr liebevollen Bedingungen, unter denen nicht selten versucht wird, dem Kind sämtliche Enttäuschungen zu ersparen. »Die Frustrationstoleranz bei vielen jungen Menschen, die so erzogen wurden, ist relativ gering. Sie haben nicht erlebt, Grenzen gesetzt zu bekommen, und kennen es nicht, Anforderungen oder Ansprüche erfüllen zu müssen. Man ist jahrelang sehr großzügig mit Lob und sehr zurückhaltend mit Kritik gewesen.« Spätestens in der Schule oder im Beruf ändere sich das oftmals schlagartig und da eckten dann einige an. Die Fähigkeit, mit Enttäuschungen und Frustrationen umzugehen, habe sich in der so wichtigen und lehrreichen Zeit der Kindheit nicht entwickeln können.

Die Stärke, mit Enttäuschungen umzugehen, haben manche Kinder ganz von selbst, andere benötigen Unterstützung auf dem Weg zu einem »reiferen« Umgang mit Frustrationen. Wenn Eltern jedoch aus falsch verstandener Sorge ihrem Kind keine Enttäuschungen zumuten wollen, kann sich keine Frustrationstoleranz ausbilden.

Frustrationstoleranz stärken – wie geht das?

- Konsequent bleiben: Wenn dein Kind darüber klagt, dass es keine Lust hat, den Tisch abzuräumen oder beim Aufräumen mitzuhelfen, gehe auch auf wiederholtes Klagen nicht ein. Erkläre, dass es dir wichtig ist, dass alle Familienmitglieder im Haushalt mithelfen.
- Keine unmittelbare Wunscherfüllung: Lass dein Kind ruhig bewusst manchmal etwas warten. Erkläre ihm, warum du seinen Wunsch in diesem Moment nicht sofort erfüllen kannst. Beispiel: Dein Kind bekommt beim Spielen Hunger und ruft nach einer Zwischenmahlzeit. Du sagst: »Ich räume noch die Spülmaschine ein und schäle dir dann einen Apfel.«
- Positives Verhalten loben und belohnen: Für viele Kinder ist ein visuelles System hilfreich, zum Beispiel ein Sternchen- oder ein Stickerbuch.
- Gefühle ernst nehmen: Erkläre deinem Kind, dass negative Gefühle zum Leben gehören. Viele Eltern können es kaum aushalten, wenn ihr Kind trauert, weil ihm etwas nicht gelungen ist. Sie möchten diese Situation so schnell wie möglich überwinden und versuchen, ihr Kind abzulenken. Misserfolge gehören zum Leben dazu und früher oder später muss ein Kind lernen, sie alleine auszuhalten.
- Eine Teppichkonferenz vereinbaren: Nach einer Konfliktsituation ist es immer wichtig, dass anschließend darüber gesprochen werden kann. Hierbei trifft man sich in der Mitte des Teppichs. Jeder darf aus seiner Sicht schildern, wie es zu dem Konflikt kam und wie sich alle Beteiligten gefühlt haben. So gewöhnt sich das Kind daran, sein Verhalten zu hinterfragen und nach Auswegen zu suchen.

Es ist zwar eine große Herausforderung, Kinder beim emotionalen Lernen zu unterstützen, aber wohl auch eine Art Selbsterziehung. Ein Kind beobachtet sehr genau, wie sich Mama oder Papa im Umgang mit Fehlern und Niederlagen verhalten. Studien belegen, dass Kinder durch das Vorbild ihrer Eltern wesentlich mehr lernen als durch alle Erklärungen oder Erziehungsmaßnahmen. Wir können unseren Kindern also vor allem helfen, indem wir ein gutes Vorbild sind.

You can always get what you want

In der heutigen Zeit entstehen vermehrt Situationen, in denen die Erziehungsberechtigten sich einmischen und helfen wollen. »Wenn ein Kind heute Schulprobleme hat, wird eine ganze Maschinerie in Gang gesetzt. Erst mal steht die Schule in Verdacht. Dann wird viel Verständnis aufgebracht. Es kommt die ganze Beratungsindustrie zum Zuge«, sagt Georges T. Roos.

Durch diese liebevoll gemeinte elterliche Unterstützung lernten Kinder nie, mit Widerständen und Ansprüchen umzugehen, bemängelt Roos. Mit permanenter, unmittelbarer Lustbefriedigung ist es schwer möglich, verstehen zu lernen, dass man zuerst investieren und etwas leisten muss, bevor man das Ziel erreicht. Diese Kinder bekommen, was sie wollen – nicht, was sie brauchen. Doch damit junge Menschen sich entwickeln können, müssen sie sich Schwierigkeiten stellen und sie lösen. Nur so werden sie zu starken, belastbaren Persönlichkeiten.

Um ihr Potenzial zu entfalten, brauchen Kinder Eltern, die ihnen Probleme bereiten, aber auch bei der Lösungsfindung helfen. Das beginnt bereits bei den ganz Kleinen. In den ersten Lebensmonaten stellen Kinder fest, dass sämtliche ihrer Bedürfnisse erfüllt werden. Dies ist auch gut und wichtig, um das Urvertrauen aufzubauen. Im Laufe der Zeit sollte es aber eine Wendung geben. Eltern können ihr Kind nicht vor Frust und allen negativen Gefühlen schützen. Ich erwische mich selbst nur zu häufig dabei, wie ich nachgebe, wenn es um ein Eis geht. Oder ich bin inkonsequent: »Das ist jetzt das letzte Mal.« Zwei Minuten später: »Das ist jetzt aber wirklich das letzte Mal.«

Das passiert vermutlich jedem und es wäre fast unmenschlich, wenn man immer zu 100 % konsequent ist und nie nachgibt. Doch Fälle, in denen wir Ja sagen, nur damit wir unsere Ruhe haben, oder reflexartig mit unmittelbarer Wunscherfüllung reagieren, sobald es ein schrilles Schreien in der Öffentlichkeit gibt, sollten wir erkennen und unsere Verhaltensmuster so schnell wie möglich durchbrechen.

»Für viele Eltern heutzutage wird das Kind zum Lebenssinn. Sie fühlen für das Kind, freuen sich für das Kind und leiden für das Kind. Diese psychische Verschmelzung ist den Eltern nicht bewusst, hat aber fatale Folgen für das Kind. In der Erziehung geht es nicht darum, einem Kind Enttäuschungen zu ersparen«, sagt Michael Winterhoff, Facharzt für Kinder- und Jugendpsychiatrie. Wenn Eltern das Kind als Teil von sich erleben, sind sie ihm kein echtes Gegenüber mehr. Aber genau das braucht die Psyche, um sich zu entwickeln. Winterhoff erklärt das Phänomen anhand des Körpermodells: »Wenn ich das Kind als einen Teil von mir wahrnehme, etwa als meinen Arm, stelle ich seine Impulse nicht infrage – wenn der Arm juckt, muss ich kratzen, wenn er schmerzt, muss ich ihn halten. Sobald Eltern in dieser Symbiose sind, können sie das Verhalten ihres Kindes nicht mehr kritisch hinterfragen. Sie reagieren nur noch: Wenn das Kind eine Strafarbeit bekommt und wütend ist, sind sie es auch. Bei einer schlechten Note des Kindes leidet ihr Selbstvertrauen. Auch zu etwas Nein zu sagen geht dann nur schwer. Wenn ich etwas verbiete, ist das Kind unglücklich – und damit auch ich.« So weit ist es bei mir zum Glück noch nicht gekommen. Aber wer weiß, vielleicht kann ich es auch nicht mehr beurteilen.

Wenn die Mutter zur besten Freundin wird

»Generation ziemlich beste Freunde«, das ist der Titel des neuen Buchs von Gerlinde Unverzagt. Sie befasst sich mit der Frage, warum es heute so schwierig ist, die heranwachsenden Kinder loszulassen. »Eltern müssen aushalten, dass sie auch mal doof gefunden werden. Eltern wollen geliebt werden. Sie sind in ihren Signalen den Kindern gegenüber sehr gegensätzlich. Sie wollen Freund sein, Erziehungsberechtigte, Grenzen setzen und auf keinen Fall doof gefunden werden. Kinder brauchen jedoch diesen Rahmen.« Die Eltern müssen sich lösen und aushalten können, dass die Kinder einen bescheuert finden und einen Tobsuchtsanfall bekommen.

Durch einen minimalistischen Lebenswandel lernen wir, uns zu fokussieren. Indem wir aus dem Dauerstress rausgehen und uns besinnen, können wir in uns ruhen. Und nur wer in sich ruht, kann erkennen, in welchen Situationen mit unmittelbarer Wunscherfüllung reagiert wird. Das tun wir nämlich häufig dann, wenn wir unsere Ruhe haben wollen.

Um emotionale Kompetenz zu erlangen, brauchen Kinder die Unterstützung ihrer Eltern. Indem ich mir meiner Vorbildfunktion bewusst bin und diese, so gut es geht, wahrnehme, kann ich zu einem positiven Familienklima beitragen. Das ist jedoch nicht möglich, wenn ich dauergestresst und völlig ausgelaugt bin. Ich habe nicht die Kraft und die Nerven, die unzähligen, aber notwendigen Konflikte meines Kindes in der Trotzphase auszuhalten, wenn der Terminkalender mit To-dos vollgepackt ist.

Nur bei einem achtsameren Umgang mit uns selbst können wir erwarten, dass sich diese Gelassenheit auf unsere Kinder überträgt. Denn Kinder lernen von Vorbildern, sie imitieren ihre Eltern. Wer schnell aus der Haut fährt und in den kleinsten Situationen emotional überreagiert, kann nicht von seinem Kind erwarten, dass es kompetent im Umgang mit negativen Gefühlen ist.

In welchen Fällen war ich schon mal inkonsequent oder ungeduldig? Diese Frage ist wichtig, um die Situation und seine eigenen Verhaltensmuster zu erkennen. Wer im Anschluss merkt, dass das Verhalten nicht optimal war, hat die Möglichkeit, es das nächste Mal besser zu machen. Das braucht viel Übung, denn oft haben wir uns dieses Verhalten unbewusst über Jahre antrainiert.

Vom »Kidfinder« zum »Brainchip«?

Elektronische Fußfessel, Handy-Ortung oder Tracking in Form einer 80 Gramm schweren Streichholzschachtel, die sich in tragebaren Spielekonsolen versteckt – was zunächst wie ein Spionage-Gadget aus einem 90er-Jahre-Bond-Film klingt, ist längst für Ottonormalverbraucher an der Supermarktkasse erhältlich. Sicherheitsbewusste Eltern können jederzeit abrufen, wo sich der eigene Sprössling gerade herumtreibt – zum Teil ohne das Wissen oder die Zustimmung des Verfolgten und alles unter dem Deckmantel der Sicherheit. In einer unberechenbaren Welt, in der man nie weiß, was alles passieren könnte, wäre es fast naiv, auf erweiterte Sicherheitsmaßnahmen zu verzichten.

Wie sieht ein Blick in die Zukunft aus? Ist dieser Trend eher rückläufig oder wird es eine noch stärkere Überwachung der Kleinsten geben? Das frage ich den Zukunftsforscher Georges T. Ross. »Ich bezweifle, dass dieser Trend zurückgeht. Sie schalten schließlich auch nicht das ABS in Ihrem Auto aus.« Die technischen Möglichkeiten machen es einem sehr leicht, das eigene Kind zu orten oder dessen Vitalfunktionen zu überprüfen. Zunächst einmal macht der Durchschnittsbürger bei diesem Trend nicht mit. Sobald es aber »normal« wird und Einzug in die Gesellschaft gehalten hat, muss nur noch eine kleine Krise kommen und Eltern erinnern sich sofort an die technischen Möglichkeiten, die ihnen zur Verfügung stehen, um das Kostbarste zu schützen.

Zur Illustration erzählt Ross von einer Folge der Science-Fiction-Serie »Black Mirror«, die die Situation recht gut erkläre. Eine alleinerziehende Mutter, von der Grundstruktur ängstlich, lässt einen Brainchip bei ihrer Tochter injizieren. Über ein Tablet kann die Mutter daraufhin nicht nur sehen, was das Kind sieht, sondern jederzeit auch Standort und Gesundheitswerte des Kindes überprüfen. Das Implantat ist nicht entfernbar, und so wächst die Tochter auf, ohne jemals wirklich alleine zu sein. In der Schulzeit treten nach und nach Verhaltensstörungen auf. Die Mutter bespricht diese mit einem Jugendpsychologen, der ihr rät, das System auszuschalten. Das Kind entwickelt sich infolgedessen wieder einigermaßen normal. In der Pubertät bemerkt die Mutter jedoch, dass die Tochter sie angelogen hat. Sie behauptet, sie gehe zu einer Freundin, bei der sie jedoch nicht war. Nun bekommt die Mutter wieder Panik und holt das Empfangsgerät vom Dachboden, um es doch wieder anzuschalten.

Ross meint, das Beispiel stelle gut dar, dass es sehr schwer ist, vorhandene technische Möglichkeiten nicht zu nutzen. Es gebe für Eltern nichts Wichtigeres als das Wohl der Kinder. Jeder Vater und jede Mutter kennt die Situation der Angst um die Kinder. Insbesondere in Fällen, in denen man keine Information hat, wo sie sich derzeit aufhalten, beginnt man sich vorzustellen, was Schlimmes passiert sein könnte. Wenn man nun die technischen Möglichkeiten hat, um ihren Aufenthaltsort zu überprüfen und im Notfall eingreifen zu können, ist es unglaublich schwer, sie nicht zu nutzen. »Stellen Sie sich vor, es gäbe tatsächlich eine Gefährdung des Kindes und es würde ihm etwas passieren. In dem Moment fragen alle: ›Warum machst du das nicht? Das machen wir schon lange, du hättest das vermeiden können.‹ Es wird sehr schwer sein, diesen Druck auszuhalten.«

Natürlich ist das fiktional, aber ein solches oder zumindest ähnliches Szenario könnte in 20 Jahren bereits zur Realität gehören. Wenn ich daran denke, wie schwer es mir manchmal fällt, im Meeting zu sitzen und das Aufpoppen einer vermeintlich wichtigen E-Mail oder das Vibrieren des Handys zu ignorieren, kann ich mir nur vorstellen, wie ich in solch einer Krisensituation reagieren würde.

Mit GPS-Trackern gegen subjektive Bedrohung

Durch unzählige technische Möglichkeiten werden uns Dinge offeriert, die in den meisten Fällen überflüssig sind. Überflüssig ist dabei milde ausgedrückt, denn das Tracken eines Kindes kann dessen Psyche schaden. Für den seltenen Fall, dass Eltern irgendwann einmal aufgrund einer Entführung oder etwas Ähnlichem diese Nachverfolgung benötigen könnten, werden diese technischen Gadgets zur Überwachung der Kinder trotzdem angeschafft und genutzt.

Der Grundgedanke ist dabei nicht verwerflich. Tatsächlich geht die Zahl der Kindesentführungen in Deutschland aber laut polizeilicher Kriminalstatistik seit dem Jahr 2008 durchgängig zurück. Objektiv gibt es demnach nur eine relativ geringe Wahrscheinlichkeit, dass das eigene Kind Opfer einer Entführung wird oder ihm etwas zustößt. Das subjektive Bedrohungsempfinden scheint sich jedoch zu vergrößern, umso wohlhabender wir werden. Es illustriert die aktuelle Elterngeneration recht gut, die versucht, ihre eigenen Ängste mit GPS-Trackern in den Griff zu bekommen und somit das Leben ihrer Kleinen zu steuern. Das ist gefährlich, denn wer sich einmal auf das System einlässt, begibt sich in eine Abhängigkeitsspirale. Immer häufiger sieht man sich gezwungen, den Standort des Kindes abzurufen, und immer weniger vertraut man dem eigenen intuitiven Gefahrenradar. Diese Fähigkeit geht nach und nach verloren, je häufiger sich Betroffene auf technische Dienstleistungen wie GPS-Tracker verlassen. Das ist weder für die natürliche Entwicklung des Kindes gut, noch für die Psyche der Eltern.

Ich selbst schätze mich so ein, dass ich den Gebrauch dieser App grundsätzlich gut unter Kontrolle hätte. Meiner Meinung nach ist ein kompetenter Umgang mit neuen Medien zwingend erforderlich, um ein gutes Leben zu führen, ohne sich von seinen technischen Geräten kontrollieren zu lassen. Meine Whatsapp-Nachrichten checke ich lediglich ein paar wenige Male am Tag und auf das Handy schaue ich meist nur, um die Uhrzeit zu sehen. Doch bereits nach dem Kauf eines Babyphones mit integrierter Kamera konnte ich schnell feststellen, dass ich meine digitale Kompetenz völlig überschätzt habe. Gerade beim ersten Kind ist man schnell verunsichert und schaut lieber einmal öfter als zu wenig. Unsere Tochter schlief bereits mit acht Wochen im eigenen Zimmer, da ich selbst kein Auge zutat, während sie schnarchend und grunzend neben mir im Beistellbett schlief. Von diesem Tag an hatten alle Familienmitglieder, inklusive des Babys, einen längeren und geruhsameren Schlaf. Was ich jedoch nicht in meine Rechnung mit einkalkuliert hatte, war die ausgiebige Nutzung der Nachtsichtkamera. Ich starrte in der Nacht permanent auf den 2,7 Zoll großen Flachbildschirm, um auf den kindlichen Brustkorb zu zoomen und sicherzustellen, dass sie noch atmet. Selbst als ein plötzlicher Kindstod mit steigendem Alter unwahrscheinlicher wurde, konnte ich diese Sucht nicht abstellen. Es war erschreckend zu sehen, wie wenig ich das unter Kontrolle hatte.

Irgendwann wurde die Elternstation des Babyphones Opfer eines Wutanfalls und beendete die Übertragung abrupt mit einem Flug gegen die Wohnzimmerwand. Seitdem besitzen wir kein Abhörgerät mehr und ich konnte schnell feststellen, dass das nächtliche Schreien problemlos auch durch die geschlossene Tür gehört werden kann. Während meine Nutzung des Nachtsichtmodus im Alter von drei und vier Monaten vielleicht noch gerechtfertigt war, habe ich es nicht geschafft, den Zeitpunkt zu erkennen, ab dem ein Babyphone gar nicht mehr nötig war. Ich habe mich selbst um meinen Schlaf gebracht und mir unnötig das Leben schwergemacht.

Nach dieser Erfahrung bin ich davon überzeugt, dass es mir schwerfallen würde, die Ortungs-App lediglich für den sehr unwahrscheinlichen Fall einer Entführung zu nutzen. Mit diesem Wissen beschließe ich, gerne darauf zu verzichten. Natürlich sollte ein Kleinkind, vor allem beim Spielen im ungeschützten Außenbereich, permanent im Auge behalten werden. Doch das funktioniert auch ohne Tracking. Kinder werden älter und wollen, dass wir ihnen allmählich Verantwortung übertragen, dass wir ihnen vertrauen. Nur so können Kinder und Jugendliche ein gesundes Selbstwertgefühl entwickeln. Eltern sollten diesen Zeitpunkt erkennen und lernen, ihre Kinder loszulassen, ihnen zu vertrauen und trotz beunruhigender Medienberichte daran glauben, dass sie unversehrt nach Hause zurückkehren.

Digitaler Minimalismus

Technik hilft uns in vielen Situationen, das Leben zu vereinfachen. Über die sozialen Netzwerke wie Facebook, Instagram & Co. sind wir mit unseren Freunden und der Familie, auch über Landesgrenzen hinweg, vernetzt. Hier mal ein lustiges Video vom Kleinen im Familienchat posten oder da mal eine kurzfristige Verabredung im Café ausmachen. Der kleine Alleskönner ist praktisch und erleichtert das Leben. Doch ist dieser Segen am Ende auch ein Fluch? Das Smartphone wird zum ständigen Begleiter in der Hosentasche, auch in Situationen, in denen wir früher eine Verschnaufpause im Alltag gehabt hätten. In der Zeit vor dem Smartphone hatten wir über den Tag verteilt eine Grundmenge an Pausen, etwa an der roten Ampel oder beim Warten auf den durchlaufenden Kaffee. Diese Mikropausen erlaubten es, dass wir in uns hineinhören und uns hinterfragen konnten. Heute fehlen die Pausen. Doch wohin führt uns diese Rastlosigkeit?

Mittlerweile sind auch die Digital Natives Eltern und es gibt erste Studien, die negative Auswirkungen zwischen elterlichem Medienkonsum und kindlichen Verhaltensmustern aufzeigen. Jeder kennt dieses Bild: Kinder blicken in der Bahn ins Leere, während die Eltern völlig vertieft die digitale Parallelwelt durchqueren. Eine der Studien kommt von der Illinois State University. Sie zeigt recht deutlich, dass Kinder unter dem ständigen Blick der Eltern auf das Display leiden. Die Kleinen zahlen den Preis der Smartphone-Sucht von Mama und Papa, denn sie spüren schnell, dass sie in der Aufmerksamkeitshierarchie weit hinter den geheimnisvollen Geräten rangieren. Experten nennen das »den Mangel an aktivem Miteinander«.

Digitales Grundrauschen im Alltag

Die Forscher der Studie schreiben, dass sogar niedrige und scheinbar normale Mengen an »Technoference« mit größeren Verhaltensproblemen der Kinder verbunden sind. Unter »Technoference« versteht man die vielen kleinen Unterbrechungen durch technische Geräte in der Kommunikation oder während einer Tätigkeit, also jedes Mal, wenn der Augenkontakt und die Kommunikation mit dem Kind aufgrund des Klingelns oder Piepens abreißen.

Wie leicht fällt man ein Urteil über Mütter, die auf dem Spielplatz am Handy hängen, anstatt sich unentwegt mit ihren Kindern zu beschäftigen. Schande auf mein Haupt, 100-mal rutschen kann eben auch ganz schön ermüdend sein. Da ist der Griff zum schmalen, leichten Alleskönner sehr verlockend. Ich überlege, noch ein paar schöne Fotos vom Erklimmen des Klettergerüsts zu machen oder das ein oder andere Telefonat zu führen, zu dem ich in der sonst eher knappen Zeit nie komme. Auf dem Rückweg dann noch kurz nach dem nächsten Bus schauen und Papa eine Whatsapp schreiben, dass wir gleich da sind. All das ist nur ein minimaler Ausschnitt dessen, wie Kinder heutzutage ihre Mütter und Väter erleben. Die Erwachsenen verhalten sich wie Zombies, sie leben in einer digitalen Scheinwelt, während die Kinder versuchen, sie dort herauszuholen, um ein bisschen Aufmerksamkeit zu erhaschen.

Interessanterweise sehen sich die meisten Eltern als sehr kontrollierte und bewusste Nutzer, ich selbst würde mich auch dazuzählen. Natürlich schaue ich auf dem Spielplatz auch mal kurz auf mein Handy, aber nur für die Arbeits-E-Mails und um schnell eine Whatsapp zu beantworten. Fakt ist jedoch, dass wir durchschnittlich 88-mal täglich aufs Handy schauen. Mehr als ein Drittel der Eltern auf einem Spielplatz schaut zumindest eine von fünf Minuten auf sein Gerät. Die Unterscheidung zwischen wichtig und unwichtig machen dabei nur die Eltern. »Das war gerade dringend, Schatz«, lautet ein Satz, den ich selbst öfter gebrauche. Und er ist nicht immer wahr.

Auch für uns selbst bedeuten die ständigen Unterbrechungen Stress. Unser Gehirn ist für dieses dauerhafte Multitasking und die vielen sozialen Interaktionen nicht ausgelegt. Der permanente Input und das fortlaufende Wechseln von Informationen führt in eine Gewohnheit. Wie konditioniert greifen wir in jeder noch so kleinen Pause zum Handy. Dadurch haben wir letztlich ein hohes Stressmaß. Das wiederum hat zur Folge, dass wir schneller genervt sind und mit Frustration nicht mehr so gut umgehen können. Entscheidend ist dabei nicht die Dauer der Nutzung, sondern die vielen kleinen Unterbrechungen. Sie lenken uns von dem ab, was wir eigentlich tun.

Digitaler Stress? Ist bei mir grundsätzlich kein Thema, würde ich sagen. Ich habe nicht das Gefühl, dass ich extrem unkonzentriert bin oder aufgrund der Technik schlechter arbeite. Ich bekomme eigentlich alles gut unter einen Hut. Mir bleibt auch nichts anderes übrig, denn meinen Computer benötige ich zwingend, um zu arbeiten. Das Handy habe ich immer dabei, damit ich erreichbar bin. Ich denke, es ist keine gute Lösung, völlig auf Technik zu verzichten und langfristig im »Digital-Detox« zu leben.

Technik gehört zum heutigen Leben dazu und ich schätze sie auch. Auf Social-Media-Kanälen bin ich eher Zuschauer, als dass ich selbst etwas poste. Wenn Marta auf dem Spielplatz ist oder wir gemeinsam essen, checke ich lediglich wichtige E-Mails oder die Uhrzeit auf dem Handy. Da haben wir es schon wieder: Was ist wichtig und was ist unwichtig? Was kann warten und was ist wirklich dringend? Kann ich das selbst noch beurteilen oder rede ich es mir schön?

Die Angst, etwas zu verpassen

Ich beschließe, einen Selbstversuch zu machen, um herauszufinden, ob mein Medienkonsum noch »normal« ist. Dafür installiere ich eine App, die trackt, wie oft ich das Handy anschalte und wie lange ich welche App nutze. Schnell fällt auf, dass ich über dem Durchschnitt von täglich 88 Griffen zum kleinen Alleskönner liege. Überraschend oft nutze ich dabei die Outlook-App. Ich bekomme Arbeits-E-Mails auf mein privates Handy, damit mir aufgrund der Teilzeitarbeit nichts durch die Lappen geht. Allerdings wurde ich von keinem Chef gebeten, das zu tun, ich habe es freiwillig eingerichtet. Obwohl ich die Benachrichtigungen über neue E-Mails bereits ausgeschaltet habe, erwische ich mich dabei, dass ich ständig aktualisiere und überprüfe, ob vielleicht etwas Neues reingekommen ist. Aber erst als ich mir zum ersten

Mal die Zeit genommen habe, meinen digitalen Konsum selbst zu beobachten, ist mir aufgefallen, dass mich das ständige E-Mail-Checken stresst.

Also habe ich einen Versuch gestartet und lese E-Mails ausschließlich am Computer. Zunächst hatte ich ein komisches Gefühl bei dieser Entscheidung. Was, wenn ich etwas Wichtiges verpasse? Doch die Angst war unbegründet. Ganz im Gegenteil, nachdem ich nun alle neuen E-Mails konzentriert am Morgen lese und beantworte, bin ich viel fokussierter beim Arbeiten. Das unangenehme Gefühl, das mich zunächst überkam, bevor ich Outlook tatsächlich in den Papierkorb meines Handys gepackt habe, beschreiben Psychologen als »Fear of missing out«, kurz FOMO. Diese Angst, etwas zu verpassen, ist ein Phänomen, das besonders häufig in Kombination mit modernen Technologien beobachtet wird. Durch das zwanghafte Zugehörigkeitsgefühl werden viele in die Abhängigkeit getrieben.

Wir dürfen uns nichts vormachen und müssen die Nutzung dieser Geräte sehr kritisch beobachten. Sie gehören nun einmal zu unserem Alltag. Apps sind dafür konzipiert, unsere Aufmerksamkeit zu absorbieren. Ja, wir werden uns manchmal ablenken lassen, aber wir müssen versuchen, diese Momente zu beherrschen. Und wir müssen dafür sorgen, dass sich unsere Kinder nicht klein und zurückgesetzt fühlen. Ein Weniger an Dingen und digitalem Konsum bedeutet ein Mehr an Fokus und Produktivität. So können bestimmte Ablenkungen aus dem Alltag eliminiert werden.

Regeln für den Medienkonsum aufstellen

Ein weiterer wichtiger Schritt auf dem Weg zu einem minimalistischen Lebensstil mit Kind ist es, den Medienkonsum zu regulieren. Mit meinem Partner habe ich Medienregeln für die ganze Familie aufgestellt, an die sich alle halten. In gewissen Situationen, wie beispielsweise beim Essen, liegt kein Handy auf dem Tisch und es gibt medienfreie Zeiten. Des Weiteren habe ich die Notifications bestimmter Apps ausgeschaltet. Bei Whatsapp habe ich die Gruppenbenachrichtigungen ausgeschaltet, was schon mal einen Großteil der unwichtigen Push-Nachrichten ausmacht. Bei Instagram und Facebook schaue ich mittlerweile nur noch am Abend rein und werde spätestens dann über Nachrichten oder andere Interaktionen informiert. Wem das schwerfällt, kann versuchen, in einer geeigneten Situation bewusst mal nicht reinzuschauen oder zeitweise diese Medien komplett zu meiden oder nur am PC zu nutzen. Ich habe festgestellt, dass Whatsapp am Computer viel praktischer zum Tippen ist, und ich antworte mittlerweile nur noch darüber.

Man ist kein besserer Freund, Mitarbeiter oder Partner, nur weil man sofort auf Nachrichten antwortet. Das, was zählt, ist die Qualität der Antwort, nicht die Quantität oder die Schnelligkeit. Gerade im Arbeitsumfeld führen E-Mail-Schlachten unweigerlich zu Unproduktivität. Ich nehme mir deshalb ein bis drei Zeitblöcke pro Tag, an denen ich alle Nachrichten in einem Stück beantworte. So kommt es zu weniger kurzzeitigen Unterbrechungen und darüber freut sich vor allem meine Tochter.

Ich gehe sogar noch ein Stück weiter und nehme mir regelmäßige Offline-Zeiten. Die ersten zwei Stunden des Tages will ich ohne Smartphone auskommen. Das fällt mir gar nicht so schwer, denn in dieser Zeit findet das morgendliche Prozedere mit dem Gang zur Kita statt. In der Bahn zur Arbeit schaue ich bewusst aus dem Fenster oder beobachte die anderen Leute. Dabei fällt mir oft auf, dass ich eine der wenigen bin, die nicht zu den morgendlichen Abwesenden gehört, die in einer digitalen Parallelwelt zur Arbeit pendeln. Mehr denn je stelle ich fest, wie sehr uns die Smartphones vom eigentlichen Leben abhalten. Und ich bin froh, wieder unter den Lebenden zu sein. Zumindest teilweise.

Sechs Tipps für digitalen Minimalismus im Alltag

1. Überflüssige Apps aussortieren: Überlegen, welche digitalen Aktivitäten sind wirklich gut für mich? Welche lenken mich eher ab und bringen keinen Mehrwert?
2. Medienzeiten definieren: Jeder hat ein Bedürfnis nach Privatsphäre, das respektiert und eingehalten werden sollte. Es spricht nichts dagegen, sich mit seinem Smartphone zurückzuziehen und in Ruhe etwas zu lesen, zu spielen oder Nachrichten zu beantworten.
3. Vorbild sein: Oft predigen wir unseren Kindern, dass sie nicht so viel auf Bildschirme schauen sollen. Wenn wir ihnen jedoch selbst etwas anderes vorleben, ist das nicht glaubwürdig.
4. Handyfreie Mikropausen: Studien belegen, dass solche Minipausen vermehrt in den Alltag eingebaut werden sollten. Sie bauen Stress ab, lösen Denkblockaden, steigern die Konzentrationsfähigkeit und helfen dabei, kurz abzuschalten.
5. Digitale Balance finden: Haben wir Zeit, eine Information zu verarbeiten? Solange unmittelbarer Input erfolgt, kann nichts verarbeitet werden.
6. Feste Rituale einführen: Zeiten, in denen wir uns ausführlich und nur mit den Kindern beschäftigen. Vor allem beim Spielen, beim gemeinsamen Essen oder beim Zubettbringen ist es wichtig, auf die emotionalen Bedürfnisse der Kinder ohne Ablenkungen einzugehen.

Das Ziel von digitalem Minimalismus kann keine digitale Abstinenz sein, sondern es sollte ein funktionaler Gebrauch angestrebt werden. Im Grunde geht es darum, eine digitale Balance zu finden und sich darauf zu konzentrieren, im Hier und Jetzt zu sein. Minimalismus kann so ziemlich in jedem Bereich unseres Lebens einen positiven Unterschied machen. Reduzierung von Ablenkungen am Arbeitsplatz fördern unsere Konzentration, aufgeräumte Smartphones sparen Zeit, sinnvolle Apps und Tools reduzieren Zettelwirtschaften. Dabei sollten wir uns immer fragen: Wie verhalte ich mich meinem Kind gegenüber? Welche Signale und welche Botschaften sende ich aus? Wenn ich die Kommunikation immer wieder abbreche und auf das Handy schaue, gebe ich eine falsche Botschaft für das Leben. Es wirkt, als hätte ich kein Interesse. Ich will meinem Kind Fähigkeiten beibringen, die ihm später im Leben helfen. Das kann ich nur, wenn ich es selbst vorlebe.

Minimalismus bedeutet also nicht, lediglich auf materielle Güter zu verzichten. Es bringt keinen Wert, die Wohnung, den Kleiderschrank und den Keller auszumisten, weniger zu konsumieren, aber in der gewonnenen freien Zeit am Smartphone zu hängen. Umgekehrt ergibt es genauso wenig Sinn, einen Totalverzicht zu üben und alle zeitfressenden technischen Geräte auszusortieren wie alte Kleider und überflüssige Schuhe. Die Lösung sind vielmehr der mittlere Weg und der kompetente Umgang mit den technischen Möglichkeiten, die uns zur Verfügung stehen.

Neue Medien sinnvoll nutzen

- Kindgerechte Antworten: Es gibt Suchmaschinen, die Eltern helfen, Kinderfragen kindgerecht zu beantworten. Die beliebtesten sind »Blinde Kuh« und »FragFinn«.
- Sinnvolle Apps für Kinder: Das Deutsche Jugendinstitut hat eine Datenbank aufgesetzt, in der Eltern nach Apps suchen können, die Kindern verschiedener Altersgruppen Wissen und Fertigkeiten aus den verschiedensten Bereichen nahebringen.
- Unterstützung im digitalen Alltag: Das Portal »Handysektor« unterstützt junge Nutzer im digitalen Dschungel und hilft ihnen, kompetent zu entscheiden, wie sie mit digitalen Medien umgehen.
- Beratung durch Anlaufstellen: Die Initiativen »klicksafe« und »Gutes Aufwachsen mit Medien« bieten Fortbildungen, Beratungen und Unterrichtsmaterial an, vernetzen Akteure und empfehlen weitere Seiten und Apps, die Kinder nutzen können.

Was geben wir an unsere Kinder weiter?

Mir stellt sich die Frage, ob unsere Kinder einen besseren und kompetenteren Umgang mit neuen Medien haben werden, wenn sie erwachsen sind. Die bereits erwähnte Studie der Illinois State University zeigt auf, dass die Kleinen es den Erwachsenen gleichtun: Nutzen die Eltern also häufig ihre technischen Geräte, tun es die Kinder später auch. Eine andere Studie, die sogenannte Vermächtnisstudie, liefert weitere interessante Einblicke in die Zukunft. Die unter anderem von der ZEIT entwickelte und finanzierte Studie ermöglicht den Vergleich dreier Dimensionen. Die Menschen wurden gefragt, wie sie heute leben, wie die nachfolgenden Generationen leben sollten und wie das Leben aus der Sicht der Befragten in Zukunft tatsächlich sein wird. Der Vergleich zeigt zum einen, was die Menschen aus ihrem heutigen Leben an die folgenden Generationen weitergeben möchten – ihr Vermächtnis. Zum anderen kann man erfahren, was die Menschen erwarten: Wird das, was sie sich für die Zukunft wünschen, aus ihrer Sicht auch wirklich eintreten?

Die Frage, ob man Kinder früh an das Internet heranführen sollte, zeigt sehr deutliche Unterschiede zwischen den Generationen. Gerade mal 12% der 14- bis 17-Jährigen sprechen sich klar dafür aus. Die Hälfte lehnt es eindeutig ab. Die über 65-Jährigen erscheinen hier sehr viel aufgeschlossener. Ein Drittel von ihnen rät dazu, Kinder früh mit dem Internet vertraut zu machen, nur ein Viertel ist dagegen.

Der Schweizer Zukunftsforscher Georges T. Ross bestätigt dieses Bild: »Ich kann mir vorstellen, dass die neuen Generationen in der Nutzung von mobilen Geräten mit ihren Kindern sehr viel restriktiver sein werden. Sie haben erfahren, welchem Stress und welchen Belastungen man aufgrund der sozialen Medien ausgesetzt ist. Diese Generation hat eine Primärerfahrung gemacht und weiß, wie es für einen 12-Jährigen ist, auf Instagram ständigen Bewertungen ausgesetzt zu sein.« Auch die Diplom-Psychologin und Autorin Birgit Langebartels, die den Bereich »kids & family research« bei einem Marktforschungsinstitut leitet, warnt: »Ein glorreicher Aufstieg und zugleich ein ungeheurer Absturz sind in dem System, in dem Kinder heute aufwachsen, sehr viel enger beieinander. Das war früher nicht so. Ich kann heute als Kind gefeiert werden und mich morgen nicht mehr in die Schule trauen, weil ich das Gefühl habe, mir geht der Boden unter den Füßen weg und ich habe total versagt.«

Warum können sich Kinder schwer entscheiden?

Die Welt ist kompliziert und die Systeme, in denen unsere Kinder aufwachsen, sind sehr viel labiler geworden. Das betrifft auch den Bereich Familie, meint Diplom-Psychologin Langebartels: »Eltern trennen sich. Seien es die eigenen oder die eines Freundes. Die Kinder begreifen, dass nichts ewig hält.« Häufig hätten sie das Gefühl, sie seien selbst dafür zuständig, dass dieses System Familie halte. »Die Töchter und Söhne von heute sind so etwas geworden wie Systemstabilisierer.« In der Pubertät werde es dadurch schwieriger, eine Revolte auszuleben. »Die Frage, ob ich das System Familie zum Einsturz bringen kann, schwirrt ständig im Hinterkopf.«

Daraus ergibt sich eine gewisse Abgeklärtheit. Das Aufwachsen der Generation Z war von konstanten gesellschaftlichen und vor allem von schnellen technologischen Veränderungen geprägt. Begleitet von Finanzkrisen, Korruption und Bankenskandalen scheint die Flut von neuen Geräten, Technologien und Anwendungen die Ursache dafür zu sein, dass die Generation Z das Gefühl hat, sie hätte alles bereits gesehen, nichts hätte Bestand und alles, was sie von Eltern, Lehrern und der Gesellschaft insgesamt vorgesetzt bekommt, sei mit Vorsicht zu genießen.

Diplom-Psychologin Langebartels zeigt einen weiteren Aspekt auf: »Alles ist möglich und am besten noch gleichzeitig. Das ist im Grunde der Anspruch unserer Kultur, der natürlich auch unfassbare Möglichkeiten eröffnet.« Die Rollenbilder sind nicht mehr so eng und wir haben mehr Freiheiten, unser Leben zu gestalten. »Das ist sehr positiv. Die digitale Machbarkeit und die vielen Möglichkeiten, zwischen denen die Jugendlichen entscheiden können, führen jedoch nicht selten zu einer Überforderung. Wir bekommen häufig in Untersuchungen mit, dass Kinder und Jugendliche immer größere Schwierigkeiten haben, sich festzulegen. Sie tun sich sehr schwer damit, eine Entwicklungsrichtung einzuschlagen«, so die Psychologin.

»Eltern möchten, dass ihre Kinder mitreden und mitbestimmen dürfen, selbst wenn sie noch gar nicht in der Lage dazu sind.« Die Diplom-Psychologin rät zu mehr Mut in der Situation. »Man sollte sich immer die Frage stellen, wie weitgehend eine Entscheidung ist. Beispielsweise ist das Kind bei der Schulwahl mit der Entscheidung überfordert. In dem Fall sollten die Eltern bei der Wahl unterstützen.« Grundsätzlich ist es wichtig, dass Kinder lernen, sich für eine Sache zu entscheiden und mit den daraus resultierenden Konsequenzen umzugehen. Wir leben in einer Welt der Multioptionalität, immer komplexer werdend mit unzähligen Optionen. »Das ständige Drüberreden, Hin-und-her-Überlegen und Abwägen helfen nicht. Es muss auch mal zur Umsetzung kommen.« Dabei können Eltern ihren Kindern helfen, indem sie sagen: »Okay, ich probiere das jetzt mal aus.« So zeigen sie, dass die Entscheidung für eine Sache richtig sein kann, dass man aber auch danebenliegen kann. »Sie können Ihr Kind dabei unterstützen und sagen: ›Hör mal in dich rein. Du kannst das jetzt ausprobieren und du wirst schon merken, ob das gut ist.‹« Wir müssen unseren Kindern zugestehen, dass sie scheitern und es erneut versuchen.

Minimalismus-Hacks

- Was ist wirklich wichtig? Überlege, welche Werte in der Kindererziehung dir (und deinem Partner) wichtig sind. Nur wenn du diese Frage beantworten kannst, hast du ein Ziel vor Augen und kann bewusst üben, fünfe auch mal gerade sein zu lassen.
- Trial and Error: Nur wer Dinge ausprobiert, lernt, sie zu beherrschen, und entwickelt Selbstvertrauen. Setze deine Neins bewusst und bestimmt ein, denn nur dann haben sie auch eine Wirkung.
- Unmittelbare Wunscherfüllung vermeiden: Nicht jeder Wunsch muss sofort erfüllt werden. In der Erziehung geht es nicht darum, deinem Kind Enttäuschungen zu ersparen.
- Gemeinsame Zeit: Verbringe bewusst Zeit mit deinem Kind, in der du voll und ganz für es da bist.
- Mithelfen lassen: Es gibt viele Routineabläufe im Alltag, in die du dein Kind schon früh einbinden kannst, auch wenn das Ergebnis nicht perfekt ist. Kinder, die im Alltag gute Erfahrungen machen, sind resilienter, also widerstandsfähiger als andere Kinder.
- Digitale Balance finden: Digitaler Minimalismus sollte kein völliger Verzicht sein. Versuche einen kompetenten Umgang in der Nutzung von neuen Medien zu finden. Wer diese Balance vorlebt, wird sie automatisch an seine Kinder weitergeben.

DIE GEBURTSTAGSPARTY. – KEIN KINDERSPIEL

Einfach nur Torte backen und Kerzen draufstecken? Das reicht heute nicht mehr. Topfschlagen und Blindekuh? Geht gar nicht. Der Interpretation des Events Kindergeburtstag sind heute keine Grenzen mehr gesetzt. Da gibt es zum einen die Mottopartys: Sie erstrecken sich von Klassikern wie »Prinzessin« und »Pirat« über die »Top-Model-Party« mit Fotoshooting bis zur Limousine, die am Kindergarten vorfährt, um die kleinen Royals abzuholen. Diese Feierlichkeiten können sogar professionell organisiert werden, denn diverse Agenturen bieten das »Rundum-sorglos-Paket« an, bei dem verschiedene Optionen wahlweise hinzugebucht werden können. Das Geburtstagsgeschenk für das eigene Kind inklusive Verpackung und Transport zur Feier ist im Package bereits enthalten.

Eine abgeschwächte Alternative zur High-End-Party sind Kino oder Indoor-Spielplatz. Für viele Eltern scheinen die Geburtstage der teilweise nicht mal Zweijährigen eine Möglichkeit zu sein, sich im sozialen Umfeld zu präsentieren. Es lässt sich nicht vermeiden, dass diese Vorzeige-Geburtstage Druck auf andere Familien ausüben. Die Gastkinder kommen nach Hause, erzählen freudestrahlend von der tollen Fete und wünschen sich nichts sehnlicher, als auch mal so einen Geburtstag feiern zu können. Unter Eltern scheint es eine geheime Vereinbarung zu geben, dass der jeweils nächste Kindergeburtstag noch origineller werden muss. »Es hat mit unserem gesellschaftlichen Klima zu tun, dass wir unseren Kindern natürlich alles ermöglichen möchten«, resümiert Diplom-Psychologin Birgit Langebartels, die auch Mutter von drei Kindern ist. »Wir sind heutzutage einer permanenten Multioptionalität ausgesetzt. Viele Eltern denken, wenn wir das selbst schon nicht leben können, sollen es wenigstens unsere Kinder stellvertretend tun.«

Frau Langebartels arbeitet bei einem Marktforschungsinstitut und leitete unter anderem die Working-Mom-Studie im Jahr 2017, die die Lebenssituation berufstätiger Frauen in Deutschland beleuchtet. Hier haben rund 1000 Frauen Auskunft zur eigenen Situation als berufstätige Mutter gegeben. »In dieser Studie konnten wir unter anderem feststellen, dass sich Mütter in einem wahren ›Bilderbattle‹ befinden. Einer davon war der Kindergeburtstagsbattle.« Hier werde teilweise ein Monat lang gebastelt und die Feier vorbereitet. Es solle *das* Event sein und natürlich auch dementsprechend gewürdigt werden. »Ich will das gar nicht so verteufeln. Es kann auch etwas sein, bei dem Eltern und Kinder eine schöne Zeit miteinander verbringen. Sie basteln gemeinsam, machen sich Gedanken und befinden sich auf einer Ebene.« Jedoch sollte man unbedingt aufpassen, dass es nicht zu einem Event anwächst, das maßlos wird. Dann gehe die Freude verloren und alles sei nur noch auf Perfektion ausgelegt.

Bei Kleinkindern ist dieser Geburtstagsfest-Performance-Druck noch nicht so groß. Aber sobald sie in die Schule kommen und sich mit ihren Klassenkameraden vergleichen, wird es schwerer für Eltern, dagegenzuhalten. Sie wollen bloß nichts falsch machen, damit die eigenen Kinder keine Außenseiter werden. Diplom-Psychologin Birgit Langebartels rät Eltern, sich davon zu lösen. Dann allerdings ist Streit vorprogrammiert. »Eltern müssen es aushalten, dass die eigenen Kinder sie auch mal blöd finden.« Was nicht leichtfällt, denn oft pushen sich Kinder und Mütter gegenseitig. In Zeiten, in denen das Familienleben so durchgeplant und hektisch erscheint, reiche es manchmal aus, zusammenzukommen und die Feier einfach zu halten. So hätten alle Spaß, auch die Eltern. Aber wie können wir unseren Kindern etwas vorenthalten, das sie täglich bei uns selbst beobachten?

Ich selbst erwische mich immer wieder dabei, dass ich mich in bestimmte Themen hineinsteigere. Ich habe große Freude daran, Pinterest Boards zu Deko-Ideen anzulegen und diese umzusetzen. Ich könnte Tage und Wochen damit verbringen. Im Internet finde ich aufwendig hergestellte Ballerina-Torten in zartem Rosé-Verlauf oder dreistöckige Dschungel-Inszenierungen in Form eines Gebäcks, das einer Hochzeitstorte gleicht. Ein beeindruckender Anblick. Mein unförmigbräunlich daherkommender Käsekuchen gleicht dank des eingesetzten Kokoszuckers eher dem Kacka-Emoji von Whatsapp. Ich fühle mich wie ein Versager. Spätestens jetzt ist der Zeitpunkt gekommen, an dem ich die Umsetzung völlig unterschätzt habe. Neben der Geburtstagsvorbereitung findet schließlich trotzdem der ganz normale Alltag mit all seinen Aufgaben statt. Ich merke dann oft nicht, dass »mein Projekt« überhandgenommen hat, und fühle mich schnell überfordert. Doch warum stresse ich mich eigentlich so? Wem will ich hier etwas beweisen? Seien wir mal ehrlich: Kinder erinnern sich rückblickend nicht mal an den ersten oder zweiten Geburtstag. Wissenschaftlern zufolge reichen Erinnerungen frühestens bis zum Ende des zweiten Lebensjahres zurück. Meinem eigenen Kind mache ich die größte Freude, wenn es für sie an diesem Tag eine Kuchenflatrate gibt und sie auf das schief gesungene »Happy Birthday« zum zehnten Mal die Kerzen auspusten darf. Jeder kann so aufwendig feiern, wie er mag. Der eine hat Spaß am Backen, der andere engagiert eine Eventagentur, der Dritte eine Band und dem Vierten genügt eine Spielplatzparty mit Prosecco für die Mütter.

Für mich ist es in erster Linie der Geburtstag meines Kindes. Mein größtes Anliegen ist, dass mein Kind sich freut. Dass es merkt, wie es gefeiert wird. Es geht mir nicht darum, zwanghaft meinen Minimalismus durchzusetzen. Ich möchte, dass Marta zu spüren bekommt, wie sehr ich mich darüber freue, dass sie geboren wurde und dass sie Teil unserer Familie ist.

Fünf Tipps für eine stressfreie und nachhaltige Fete

1. Kindergeburtstag erst ab drei Jahren: Kleinkinder sind glücklich, wenn sie einen leckeren Kuchen bekommen, eine Kerze auspusten dürfen, besungen werden und die Oma zu Besuch kommt. Das sind schon eine ganze Menge Eindrücke, die das Kind verarbeiten muss.
2. Wie viele Kinder werden eingeladen? Das Kind darf so viele Freunde einladen, wie es alt wird. Ein weiterer Vorteil ist, dass es dadurch nicht so viele Geschenke gibt.
3. Süßigkeiten: Alle Kinder lieben Süßigkeiten. Ich bin kein Fan von Verboten, deshalb kommen bei uns alle geschenkten Süßigkeiten in eine große Schüssel, die nur Marta gehört. Nach jedem Essen darf sie sich eine Sache aussuchen und essen. Das hat den Vorteil, dass der Insulinspiegel noch hoch ist und Zucker grundsätzlich nicht zu etwas Verbotenem zählt.
4. Geschirr und Deko: Wir nehmen unser Picknickgeschirr aus Melamin und ganz normale Teller. Einwegartikel kaufe ich nicht. Als Deko verwende ich gern Luftballons. Die kann man dann noch für verschiedene Spiele brauchen. Außerdem haben wir eine Kiste mit Dekosachen, die wir zu Geburtstagen und anderen Anlässen mehrmals verwenden.
5. Gastgeschenke: nehmen die eingeladenen Kinder mit nach Hause, meistens in Form einer Papiertüte mit Süßigkeiten und Plastikkram. Ich finde so was völlig überflüssig, aber für Kinder ist es ein wichtiger Bestandteil einer gelungenen Geburtstagsfete. Falls Spiele gemacht werden, können Gewinne in die Tüten kommen. Oder es gibt einen Bastelnachmittag. So schlägt man zwei Fliegen mit einer Klappe: Die Kinder sind beschäftigt und stellen ihre Mitbringsel selbst her.

Minimalismus statt Geschenkerausch

Gerade beim Thema Geschenke sage ich gern vorher, was mir wichtig ist. Es empfiehlt sich, eine Geschenkeliste mit dem Kind zu erstellen und diese den Gästen mitzuteilen. Sie kann vorab unkompliziert per E-Mail verschickt werden oder auf der Einladung stehen. Die meisten freuen sich darüber, ein paar Anhaltspunkte zu bekommen und sicher zu sein, dass es sich um ein Geschenk handelt, über das das Kind sich auch freut. Ich versuche in diesem Jahr, erstmals allen zu sagen, dass es lieber etwas Gebrauchtes sein soll. Die meisten Eltern und Verwandten respektieren das und finden es sogar gut. Möglicherweise findet sogar eins der eingeladenen Kinder ein Spielzeug, das es selbst nicht mehr gerne benutzt und das es weiterverschenken will.

Gerade für kleine Kinder ist das eine große Sache, bei der sie viel lernen. Was heißt es, Besitz abzugeben? Wie fühlt es sich an, wenn ein anderer sich über etwas freut, das man selbst nicht mehr so gerne hat? Das ist zunächst sehr schwer. Doch so können Kinder früh lernen, dass man Besitz nicht so einen übergroßen Wert geben sollte. Nachträglich können wir als Eltern dann unser Kind loben und sagen, dass es sehr stolz auf sich sein kann. Falls sich nichts findet, was das andere Kind abgeben möchte, oder die Eltern Probleme haben, etwas Gebrauchtes zu schenken, biete ich die Option an, sich am »großen Geschenk« zu beteiligen. Dieses Geschenk besorge ich und Marta bekommt es bei ihrer Party von allen überreicht. Mein Ziel ist es nicht, die Menschen im Umfeld zu belehren oder sich schlecht fühlen zu lassen, weil sie es bei sich anders handhaben. Jeder sollte leben, wie es ihm Freude bereitet, und das schenken, was er für richtig hält. Die meisten Gäste sind jedoch froh, wenn sie ein paar Ideen und Anregungen bekommen.

Doch auch, wenn alle Geschenke pädagogisch wertvoll, nachhaltig und am besten noch gebraucht sind: Wie lässt es sich vermeiden, dass das beschenkte Kind in der Geschenkeflut versinkt? Dass es völlig überfordert und reizüberflutet nicht weiß, wie es damit umgehen soll? Hilfen geben die Minimalismus-Hacks (S. 140).

Auch für Weihnachten gilt: Weniger ist mehr!

Ein ähnlicher Stresseffekt tritt auch häufig an Weihnachten und um die Vorweihnachtszeit auf. Das Fest der Besinnlichkeit endet nicht selten in Shoppingwahn und Konsumrausch, gefolgt von Erschöpfung und Vorbereitungsstress. Hier bietet es sich an, aus dem Fest im Vorfeld ein gemeinsames Familienprojekt zu machen, bei dem alle mithelfen können. Kinder lieben es, wenn sie mithelfen dürfen, zum Beispiel beim Basteln von Weihnachtsschmuck aus Salzteig oder beim Plätzchenbacken. Sie benötigen keinen perfekt gestalteten Weihnachtsbaum in einem märchenähnlich anmutenden Wohnzimmer. Denn die Mutter am Rande des Nervenzusammenbruchs ist von dort oft nicht weit entfernt.

Was wir in heutigen Zeiten, die nicht selten von Stress und Gehetztsein geprägt sind, brauchen, ist ein bisschen weniger von allem. Weniger Perfektionismus, dafür mehr Achtsamkeit. Weniger Vergleich mit anderen zugunsten von mehr Zeit miteinander.

Es ist letztlich egal, wie der Weihnachtsbaum aussieht, ob es eine zwei Meter hohe Nordmann-Tanne ist oder die wiederverwendbare 50 Zentimeter hohe Kunstversion davon. Es muss nicht das perfekte 5-Gänge-Menü mit dem Höhepunkt aus Weihnachtsgans an Gewürzjus und handgeschnittenem Tatar aus Feldsalat sein. Genauso wenig, wie es bei der Geburtstagsparty eine perfekt gestaltete Geburtstagstorte braucht.

Lieber sollten wir uns öfter mal die Frage stellen, wieso wir in diesen Momenten denken, dass es unbedingt so und nicht anders sein muss. Um was geht es mir im Wesentlichen? Wenn die Antwort ist, dass ich ein unvergessliches Fest für meine Kinder und die Familie haben will, weiß ich schnell, worauf es stattdessen ankommt. Steigere ich mich in diverse Projekte hinein, dann möchte ich vielleicht etwas ganz anderes unbewusst kompensieren. Lieber widme ich mich dieser Frage, bevor ich in blinden Aktionismus verfalle und am Ende überfordert bin.

Wir verlieren häufig den Fokus auf das Wesentliche, weil wir uns mit anderen vergleichen oder uns Inspiration von einer perfekten Scheinwelt aus dem Internet holen. Das, worauf es ankommt, sollte doch eine schöne, stressfreie Zeit miteinander sein – besonders in Zeiten, in denen der Leistungsdruck und die Gehetztheit während des Jahres permanent da zu sein scheinen. Stattdessen lieber mal das Smartphone beiseitelegen und dafür die alten Gesellschaftsspiele rausholen oder einen Winterspaziergang machen. Dinge, für die sonst selten Zeit bleibt.

Minimalismus-Hacks

- Drei-Geschenke-Regel: In den USA ist diese Regel schon länger verbreitet und hat sogar ihren eigenen kleinen Reim: »Something they want, something they need and something to read.« Das Kind bekommt einen Herzenswunsch erfüllt, etwas Praktisches und etwas zum Lesen.
- Nicht alle Wünsche müssen erfüllt werden: Wer alles geschenkt bekommt, was er sich wünscht, hat schnell den unstillbaren Willen nach mehr und der Wert des Einzelnen kann nicht mehr richtig geschätzt werden.
- Secondhand: Bitte alle vorab (kann zum Beispiel auf der Einladung stehen), nur etwas Gebrauchtes zu schenken. Für Kinder im Kleinkindalter spielt es absolut keine Rolle, ob ein Spielzeug neu oder gebraucht ist.
- Wie umgehen mit der Verwandtschaft? Optimal ist es, wenn du gefragt wirst, was sich dein Kind wünscht. Sollte doch mal etwas Überflüssiges bei euch Einzug halten, lasse dein Kind entscheiden, ob es das behalten möchte.
- Erlebnisgeschenke: Gerade bei Verwandten ist es schön, wenn sie Zeit statt Zeug schenken und einen Ausflug oder Ähnliches mit deinem Kind machen.
- Geschenke, die sich verbrauchen: Zu Ostern, Nikolaus oder als Mitbringsel ist es gut, wenn etwas geschenkt wird, das sich aufbraucht, zum Beispiel Materialien zum Basteln oder Malen.

BRAUCHEN KINDER SPIELZEUG?

»Spielzeug. Mehrzahl: Spielzeuge. Begriffsursprung: Zusammensetzung aus den Substantiven Spiel und Zeug. Ein Spielzeug dient der Freude an der Beschäftigung mit seinem Material, seinen Funktionen, seinen Möglichkeiten. Es dient dem Ausleben des Spieltriebs. Es kann die Bewegungslust oder das Kommunikationsbedürfnis befeuern und im optimalen Fall auch Gestaltungskräfte freisetzen.« So kann man es bei Wikipedia nachlesen.

Spielzeugfrei – was ist das?

»Wer entscheidet, was Spielzeug für Kinder ist? Entscheidet es die Industrie oder die Kinder?«, fragt Barbara Meixner. Sie arbeitet bei einer Fachstelle für Suchtprävention, die Kinderkrippen und Kindergärten bei dem meist dreimonatigen Projekt »Spielzeugfrei« unterstützt. »Wir sprechen lieber von Spielen einmal anders, da sich das Projekt nicht gegen Spielzeug richtet und die Kinder durchaus Dinge zum Spielen haben. Bei diesen Dingen handelt es sich aber nicht um herkömmliches Spielzeug, sondern um Material, das Freiraum für Ideen, Kreativität und Gestaltung bietet.« Sogenanntes offenes Material nennen das die Fachkräfte. »Das können Bausteine sein, Materialien zum Schütten, Tücher, Holzkugeln oder Kapla-Steine«, sagt Meixner. Für die Kinder werde eine gut vorbereitete Umgebung geschaffen, in der das pädagogische Fachpersonal sie bei der Durchführung begleite und unterstütze. Die Erzieherinnen griffen dabei nicht in das Spielgeschehen ein, sondern hielten sich als Beobachter im Hintergrund. Sie dienten als hilfreiche Stütze oder gäben punktuelle Anregungen. Das Motto laute: weg von der Animation hin zu Präsenz und Begleitung. Für den Projektzeitraum bekämen die Kinder eine »Auszeit« vom vorgefertigten Spielzeug, das meist genaue Spielabläufe und Nutzungsbedingungen vorgebe.

Im Kindergarten werde der Tagesablauf schrittweise aufgebrochen, erklärt mir Meixner. »Manche Einrichtungen haben sehr durchstrukturierte Tagesabläufe. Diese sollen während des Projekts schrittweise entfallen, sodass die Kinder mehr Zeit zum Spielen haben. Häufig bleibt nur eine halbe bis eine dreiviertel Stunde, bevor das nächste Angebot kommt.« Frau Meixner betont, spielzeugfrei heiße nicht regelfrei. Regeln und Grenzen seien für die Entwicklung der Kinder und den Alltag unerlässlich. Strukturen und Rhythmen könnten sich in der Projektzeit verändern, aber die verlässliche Vertrauensbasis zu den Bezugspersonen bleibe bestehen. Es werde sich nicht ausschließlich darauf fokussiert, das Spielzeug zu eliminieren. Im Mittelpunkt stehe eine gute Umgebung für die Kinder in einem produktiven und begleitenden Rahmen zusammen mit den Pädagoginnen.

Die Grundlage bildet das bereits 1992 in Deutschland entwickelte Konzept »spielzeugfreier Kindergarten«. Es entstand aus der gesellschaftskritischen Überlegung heraus, dass das Leben von Kindern zunehmend von Konsumverhalten und durchrationalisierter Freizeitgestaltung geprägt ist. Dadurch wird jedoch verhindert, dass Kinder eine eigene Problemlösungskompetenz ausbilden.

Das Spielzeug geht auf Reisen

Die riesigen Schimpansen, die niedlichen Lamas, die bunte Einhornfamilie und weitere kuschlige Artgenossen begeben sich gemeinsam auf eine weite Reise. Damit es ihnen währenddessen nicht langweilig wird, nehmen sie das Spielzeug der Betreuungseinrichtung mit. Frau Meixner hat bereits viele Institutionen dabei begleitet und interessante Beobachtungen gemacht: »Die meisten Kinder freuen sich auf die spielzeugfreie Zeit. Da gibt es die einen, die noch mal intensiv mit ihrem Lieblingsspielzeug spielen wollen, und die anderen, die es kaum abwarten können, sich von dem Transporter voller Kuscheltiere zu verabschieden und ihnen eine schöne Reise zu wünschen.« Es seien eher die Eltern, die sich an den Gedanken gewöhnen müssten. Einige hätten Angst, dass sich ihr Kind langweile und nicht mehr gerne in den Kindergarten gehe. Andere fürchten dass etwas passieren könnte beim freien Spiel mit Stock und Stein. »Deshalb braucht es eine gute Einführung in das Projekt«, erklärt Meixner. Ihrer Meinung nach ist Langeweile nichts Schlimmes. Langeweile dürfe ruhig mal sein. Im Vordergrund der spielzeugfreien Phase stünden die Kinder. Zusammen mit den Betreuerinnen erhielten sie viel Raum und Zeit zum freien Spiel. Wichtig dabei sei, dass die Pädagoginnen lediglich begleiten und nicht animieren.

Kinder heutzutage sind mit sehr vielen Einflüssen und Reizen konfrontiert. Die spielzeugfreie Zeit bietet einen Ausgleich dazu. So haben die Kinder Zeit, um in sich hineinzuhören und zu sich zu kommen.

»Aus suchtpräventiver Sicht muss man auch mal spüren, was einem guttut und was nicht. Wir Erwachsene verstehen es häufig falsch, wenn ein Kind still dasitzt, vor sich hinträumt und bei sich ist. Wir denken, es tut nichts, ihm ist bestimmt langweilig. Das ist jedoch häufig ein Missverständnis.« Die Erzieherinnen setzen sich in einer solchen Situation zu dem Kind und reden mit ihm darüber, wie es sich fühlt, was in ihm vorgeht. Klagt ein Kind über Langeweile, gehen sie darauf ein. Wie fühlt sich die Langeweile an und wie ist das überhaupt? Wichtig dabei ist, die Langeweile anzunehmen und als etwas Gegebenes zu akzeptieren. »Die Pädagogin könnte beispielsweise darauf eingehen und erklären, dass es ihr schon lange nicht mehr langweilig war. Wir Erwachsene neigen in solchen Momenten häufig dazu, zu fragen: ›Was können wir jetzt machen gegen die Langeweile?‹« Vielmehr solle in diesem Fall auf das Gefühl eingegangen und gefragt werden: »Wie geht es dir damit?« Das Wissen darüber, was man mit seiner freien Zeit tut, wo die eigenen Stärken liegen und von was man sich motivieren lässt, ist spätestens in der Pubertät essenziell.

Warum wirkt Spielzeugfrei suchtpräventiv?

Frau Meixner arbeitet nicht etwa bei einer Coachingfirma, die Kindergärten beim Ausmisten unterstützt, sondern bei einer Fachstelle für Suchtprävention. Die Frage, was eine dreimonatige Spielzeugpause mit Süchten zu tun hat, liegt nahe.

Frau Meixner bringt Licht in den vermeintlichen Drogensumpf aus Dinos und Barbies: »Jugendliche haben viel Freizeit und die Eltern können in dieser Phase nicht mehr so einen großen Einfluss auf ihre Kinder ausüben. Häufig kommen diese jungen Menschen auf sonderbare Ideen, was sie mit ihrer Freizeit tun.« Im schlimmsten Fall nehmen sie Drogen oder andere suchtgefährdende Beschäftigungen zu Hilfe, um aus einem schlechten Gefühl ein gutes zu machen oder dem Gruppendruck standzuhalten.

Bereits in der spielzeugfreien Zeit soll dem entgegengewirkt werden: »Es gibt Kinder, die zu Beginn ein bisschen überfordert sind, da das

Gewohnte fehlt. Es empfiehlt sich, die Situation genau zu beobachten. Manche Kinder sind schüchtern und trauen sich nicht, die anderen Kinder zu fragen, ob sie mitspielen dürfen. In diesem Moment holen sie sich lieber ein Buch, damit sie trotzdem beschäftigt sind. Sie weichen damit ihrem unangenehmen Gefühl aus, um gegen die Unsicherheit vorzugehen«, resümiert die Fachmitarbeiterin Abteilung Kindesalter. Hier kommt die Suchtprävention ins Spiel, denn spätestens als Erwachsene können wir uns unangenehmen und herausfordernden Situationen nicht mehr so leicht entziehen. Wir benötigen Lösungen und Handlungsstrategien, um mit diesen Gefühlen umgehen zu können.

Kinder lernen durch »Spielzeugfrei« schon früh, dass ein unangenehmes Gefühl aufkommen kann, wenn ihnen etwas fehlt – jedoch mit dem Wissen, dass es jemanden in unmittelbarer Nähe gibt, der aufmerksam ist und helfen kann. Die Erzieherinnen achten auf eine behutsame Begleitung, indem sie darauf eingehen und dem Kind Handlungsalternativen aufzeigen. Ein Gespräch könnte in etwa so ablaufen: »Das Spielzeug kann manchmal helfen, aber deine Gefühle sind auch da. Es gibt solche Gefühle und solche. Die dürfen alle Platz haben und manchmal darf man auch ein unsicheres Gefühl haben, aber ich bin da und ich begleite dich.« Dadurch bekommen Kinder die notwendigen Ressourcen für das spätere Leben und lernen, die Situation zu bewältigen. Das schüchterne Mädchen, das sich bislang lieber ein Buch genommen hat, kann so üben, über dem unangenehmen Gefühl zu stehen. Sie lernt, sich nicht jedes Mal zurückzuziehen und hinter einem Spielzeug zu verstecken. Denn damit versteckt sie ihre eigenen Bedürfnisse hinter dem vorgehaltenen und vermeintlich schützenden Buch.

Kinder sollen genügend Freiräume und Möglichkeiten bekommen, um Zeit und Muße zum Spielen zu haben. Es gibt keine Trigger von außen, von industriell gefertigten Dingen oder vorgegebenen Spielmaßnahmen. Sie alleine sollen überlegen und entscheiden, mit was sie spielen wollen. Dadurch wird nicht nur die Selbstkontrolle gefördert, sondern auch die Fantasie, kritisches Denken, Konfliktfähigkeit und Kommunikation. »Das wirkt alles suchtpräventiv.«

Und was passiert danach?

Der große Tag ist gekommen. Drei lange Monate sind vorbei und die Kinder freuen sich bereits auf ihr Spielzeug. Oder etwa nicht? Frau Meixner erklärt mir, dass zunächst gefragt wird, welche der Sachen zurückkommen sollen. »Das ist sehr spannend, denn es werden sehr viel weniger Spielmaterialien verlangt als vorher.«

In der vergangenen Zeit haben die Kinder durch die intensive Beziehung und die Gespräche zu den Vertrauenspersonen gelernt, sich nicht über Zeug zu definieren, also nicht nach dem Motto: »Hab ich was, dann bin ich was.« Beim spielzeugfreien Projekt geht es darum, zu erkennen, dass man nicht wertvoll ist, weil man das größte Playmobilschiff hat, sondern weil man ein liebenswerter Mensch ist und ein guter Freund. Das gibt den Kindern sehr viel Selbstbewusstsein in ihre Fähigkeiten. Was hinzukommt, ist der Lerneffekt bei den betreuenden Pädagoginnen. »Sie nehmen viele Erkenntnisse aus dem Projekt mit und ändern häufig ihre Haltung zum Kind. Sie werden sensibilisiert und achten von nun an darauf, den Kindern mehr Zeit zu geben.«

Diese drei Monate des Projekts sind gut, damit Kinder und Betreuerinnen die Gegenerfahrung machen können. Es zeigt auf, was anderes möglich ist, und hilft, den ein oder anderen Aspekt in Zukunft mitzunehmen.

Trau dich! So geht Spielzeugfrei zu Hause

Das Projekt ist natürlich nicht exklusiv dem Kindergarten vorbehalten. Eine spielzeugfreie Zeit kann auch sehr gut zu Hause durchgeführt werden. In vielen Kinderzimmern türmen sich Berge an Zeug: Mitgebrachte Geschenke von Verwandten oder Babyspielsachen, mit dem das Kind eigentlich gar nicht mehr spielt, finden Einzug, aber lange keinen Auszug. Teilweise gibt es nicht einmal mehr Platz zum Spielen. Zu viel Spielzeug überfordert, konzentriertes Spiel wird so nahezu unmöglich.

Für »Spielzeugfrei« wird über einen begrenzten Zeitraum gemeinsam mit den Kindern das Spielzeug in den Keller geräumt. Wer kreativ ist, kann sich, wie der Kindergarten, eine Geschichte dazu ausdenken. Das Spielzeug fährt in den Urlaub und schreibt ab und zu Postkarten oder die Autos und Stofftiere ziehen für eine Weile in den Keller um. Hierfür können die Kinder vorab noch ein paar Sterne basteln und gemalte Bilder an die Wand hängen, damit die Sachen in der Nacht nicht so alleine sind. Der elterlichen Kreativität sind keine Grenzen gesetzt. Ich finde es wichtig, dass klar ist, dass nichts weggenommen wird und dass die Aktion zeitlich begrenzt ist. Wenn ein Kind ein Spielzeug sehr vermisst, spricht nichts dagegen, dass es zurück ins Zimmer zieht.

Ich habe die Erfahrung gemacht, dass meine eigene Hemmschwelle sehr groß war, mein Kind mit der Umsetzung aber keine Probleme hatte. Meine Angst, Marta fühle sich vielleicht »arm«, sie bekomme Verlustängste oder ich fördere sie nicht genug, waren letztlich völlig unberechtigt. Ganz im Gegenteil: Je weniger Zeug sie im Zimmer hatte, desto kreativer wurde sie. Eines Tages bemerkte ich, dass sie die blaue Trittschalldämmung aus der Abstellkammer herausschaffte und im Gang ausrollte. Sie zog ihre Schwimmweste und den Badeanzug an und simulierte mit einer Packung neuer Spüllappen die Strandtücher. Weniger Spielzeug gibt unseren Kindern also nicht nur mehr Platz zum Spielen, es gibt Raum für Fantasie und Kreativität und damit auch für Selbstbestätigung und Selbstbewusstsein.

Die spielzeugfreie Zeit zu Hause bringt noch einen weiteren Vorteil: Ins Kinderzimmer kommt nur zurück, was von den Kindern wirklich geliebt wird. Nach der Projektzeit fragst du dein Kind, was es sich am meisten zurückwünscht. So kommen nach und nach die wichtigsten Dinge aus dem Keller nach oben. Nicht aktiv, sondern nur, wenn das Kind etwas unbedingt will, es braucht oder vermisst. Das heißt nicht, dass von nun an nur noch mit den fünf gleichen Sachen gespielt werden muss. Hier können Eltern gezielt auf ihr Kind eingehen und schauen, welche Interessen es momentan hat.

Es geht nicht darum, dem Kind etwas vorzuenthalten. Vielmehr soll es angeregt werden, bewusst und achtsam mit seinen Spielsachen umzugehen, sie zu erforschen und sich darauf einzulassen. So können Kinder lernen, über den Tellerrand hinauszuschauen. Bestenfalls begreifen sie die Langeweile als Teil eines kreativen Prozesses und werden nicht ständig von passivem Konsum bestimmt. Auf Dauer kann so langfristig »spielzeugreduziert« gelebt werden, ohne dass dem Kind etwas fehlt. So ist das Kinderzimmer übersichtlicher und die Aufräumaktionen am Abend mit übermüdeten Kindern gestalten sich weniger nervenaufreibend.

Frau Meixners Worte klingen nach: »Im familiären Bereich ist es häufig so, dass Spielzeug als Ersatz für Liebe und für Zeit eingesetzt wird und nicht mehr dafür, wofür es steht, nämlich, dass unsere Kinder in der Spieleentwicklung unterstützt werden.« Spielzeug ist wichtig, um die Kreativität und das kritische Denken zu fördern. Zu viel davon überfordert allerdings schnell.

Eine »minimalistische« Familie

Dem stimmt auch Familie Mettler zu – sie hat den Minimalismus voll und ganz in ihr Leben integriert. »Wenn unsere Kinder etwas mitgebracht bekommen, freuen sie sich zunächst, spielen jedoch nach wenigen Minuten wieder mit den Dingen, für die sie sich gerade interessieren. Das Kind hat vorher nicht explizit darüber nachgedacht, es hat sich dieses Spielzeug nicht gewünscht und auch nicht darauf gewartet, in diesem Moment einen Bagger oder eine Seifenblasenmaschine zu bekommen.« So kommt es, dass das gelbe Plastikauto und die rotierende Spülischleuder nach kurzer Zeit bereits uninteressant sind. »Wir räumen es im Anschluss weg, verschenken oder verkaufen es weiter«, erklärt mir Michael Mettler, Vater der vierköpfigen Familie.

Im November 2017 haben er und seine Frau mit den beiden gemeinsamen Kindern eine abenteuerliche Fahrradreise unternommen. Sie entschlossen sich, Kind und Kegel einzupacken und in die große weite Welt aufzubrechen. Eine Weltreise, das war ein Traum beider, als sie sich kennenlernten. Dann nahm die Familienplanung ihren Lauf, das erste Kind erblickte das Licht der Welt und für beide Eltern stand fest: Ab jetzt sind die eigenen Träume erst mal zweitrangig. »Wir verfielen der Illusion, wir müssten nun vernünftig sein. Sesshaft und erwachsen«, schreibt Mirjam Mettler auf der gemeinsamen Website. Die jungen Eltern mussten schnell erkennen, dass vieles im Leben nicht selbstverständlich ist. Gesundheit zum Beispiel. Beide Kinder leiden an einem vererbbaren Gendefekt, Fragiles X-Syndrom. Sie entwickelten sich gut und Mettlers dachten: »Jetzt oder nie!« Schließlich ließen sie ihr komfortables Leben in der Schweiz hinter sich und begannen, ihren gesamten Besitz auf vier Fahrradtaschen zu reduzieren. »Wir haben unseren gesamten Haushalt aufgelöst. Das war ein Riesending, denn wir wollten nicht alles einfach wegwerfen.« Über drei Monate dauerte es, bis alles verkauft, verschenkt und einzelne Dinge schließlich auch weggeworfen wurden. »Das ist traurig und sollte nicht das Ziel sein. Wenn man etwas gekauft hat, das man nicht mehr braucht, wäre es schön, es weitergeben zu können«, resümiert Michael Mettler, der heute ausschließlich Dinge kauft, die er wirklich braucht und nicht leihen kann.

Die Familie merkte schnell, dass sie mit weniger Gepäck leichter reisen – und leichter leben kann. Als sie nach einem halben Jahr auf Pedalen durch Zentralamerika und die Karibik zurück in die Heimat kam, hat sie sich entschlossen, diesen minimalistischen Lebensstil beizubehalten. Sie wollte nachhaltig reisen und von nun an auch nachhaltig leben. »Im Alltag ist das oft kein leichtes Vorhaben. Wenn ich beruflich unterwegs bin und Hunger habe, kommt es vor, dass ich mir auch mal etwas kaufe, das vielleicht in Plastik verpackt ist.« Die Familie besitzt weder Lattenroste noch einen typischen Kleiderschrank. Hosen und Oberteile finden in einer kleinen Kommode mit je drei Schubladen ihren Platz. Einen Esstisch und sogar einen Besteckkasten sucht man in den vier Wänden der Mettlers vergeblich. Verzichten müssten sie auf nichts, so Michael Mettler. Jemand, der sehr viel besitze, könne verzichten und habe dann mehr von den übrig gebliebenen Sachen. Es gebe immer Möglichkeiten, Sachen zu leihen, die man nur kurzzeitig benötige wie etwa Werkzeug oder technische Geräte. Doch auch bei herkömmlichen Alltagsgegenständen lebt die Familie sehr reduziert: »Wir essen an einer Art Theke in der Küche, da wir keinen richtigen Tisch besitzen. Wenn Besuch kommt, gehen wir lieber gemeinsam in ein Restaurant und haben dann bewusst Zeit. Keiner ist mit Kochen oder Spülen beschäftigt.«

Ich bin unsicher, ob mir diese Art des Minimalismus zu extrem ist. Kochen gehört nun wirklich nicht zu meinen Lieblingsbeschäftigungen, aber mit einem Kleinkind im Restaurant zu sitzen ist noch weniger entspannend für mich. Außerdem bin ich mit unserer vereinbarten Arbeitsaufteilung (ich koche, Toby wäscht ab) zufrieden. Die Europaletten als Schlafunterlage habe ich im Zuge meines neuen Erwachsenenlebens mit Kind gegen ein spießiges und überhaupt nicht minimalistisches Zwei-mal-zwei-Meter-Bett getauscht. Mein Ziel ist es, minimalistische Alltagstipps zu finden, die es uns ermöglichen, mehr Zeit für die wichtigen Dinge zu haben. Ich möchte das Unnütze loswerden, um zu erkennen, was wirklich sinnvoll ist. Jeder, der mich kennt, weiß beziehungsweise spürt, wie schlecht ich mit Schlafentzug umgehen kann. Schon nach kurzer Zeit hätte ich keine Freundschaften mehr und müsste mir in dem Fall um das Thema Essen im Restaurant keine Gedanken mehr machen. Sicher werde ich kein Profi-Minimalist wie die Mettlers, aber ich möchte versuchen, in den Bereichen zu reduzieren, die uns im Familienalltag helfen, ein leichteres Leben zu führen.

Minimalismus im Kinderzimmer

Das Kinderzimmer der minimalistischen Familie sieht auf den ersten Blick aus wie die meisten, die man so kennt. Es ist aufgeräumt, aber das ist es bei uns auch. Jedenfalls, wenn wir Besuch erwarten. Falls der Besuch ein weiteres Kind zum Spielen mitbringt, ist die friedlich steril angeordnete Idylle jedoch schnell im alltäglichen Chaos versunken. Michael Mettler schmunzelt: »Wenn wir anderen Menschen von unserem minimalistischen Lebensstil erzählen, haben diese häufig das Gefühl, dass sie eigentlich auch minimalistisch leben. Bei genauerem Hinschauen stellt man aber schnell fest, dass das nicht der Fall ist.« Da muss ich ihm recht geben – nur weil ich Martas Spielzeugberge in möglichst viele Boxen gesteckt und gut einsortiert habe, heißt das noch lange nicht, dass wir ein minimalistisches Kinderzimmer haben. Die aussortierten Kisten im Keller darf ich natürlich auch nicht verschweigen. Nur weil sie aus den Augen sind, sind sie noch nicht aus dem Materialbestand. Doch da geht es mir wie den Mettlers: Wohin mit dem Zeug? Für den Flohmarkt fehlt mir momentan einfach die Zeit. Ich habe bereits mehrere Kisten im Internet inseriert, jedoch halten sich die Interessenten im überschaubaren Rahmen. Wegwerfen kommt nicht infrage, also verweilen die nicht mehr benötigten Sachen im Keller und es kommen immer mehr dazu – denn es betrifft nicht nur die Kindersachen, sondern auch unsere.

Ausleihen ist das neue Kaufen

Vielleicht sollten die Affen und Faultiere aus Martas Zimmer häufiger mal ihre Koffer packen, die gesamte Wohnung durchstreifen und eine längere Reise unternehmen. In den vier Kinderzimmerwänden von Familie Mettler sieht das bei genauerem Hinschauen wie folgt aus: »Das Spielzeug unserer Kinder hat in einer einzigen Box Platz. Ihre Bücher füllen immerhin eine ganze weitere Kiste. Mehr Spielzeug haben sie nicht und sie haben sich auch noch nie darüber beschwert, dass es zu wenig ist.«

Das glaube ich sofort. Kreative Anregungen und Abwechslung sind wichtig, aber die können auch mit gemeinsamen Erlebnissen verbunden werden. Dem stimmt auch Michael Mettler zu: »Wir kompensieren das fehlende Spielzeug mit Spaziergängen im Wald und mit unzähligen Stunden auf dem Spielplatz. Die größte Herausforderung bei einem reduzierten Kinderzimmer sind kalte und regnerische Tage.« Doch dafür haben die vier Minimalisten eine sehr gute Lösung gefunden: »Wir leihen uns Spielsachen aus. Alle zwei Wochen fahren wir in die Ludothek und tauschen die Sachen wieder aus. Die Kinder haben dann die freie Wahl und dürfen sich wieder neue Sachen mitnehmen.« Ich finde, das ist eine hervorragende Idee, um dem Chaos im Kinderzimmer entgegenzuwirken. Noch nie gab es den Fall, dass eines der Kinder ein Spielzeug nicht zurückgeben wollte, erzählt mir der Familienvater. Selbst wenn es so gewesen wäre, hätten sie die Miete verlängern oder aber das Spielzeug kaufen können, wenn es tatsächlich längerfristig gebraucht wird.

Die Spielsachen auszuleihen bringt laut Michael Mettler zufolge drei Vorteile mit sich: Erstens könnten sie das Spielzeug zurückgeben, wenn es für die Kinder nicht mehr spannend sei. Zweitens lernten die Kinder, achtsam mit den Dingen umzugehen, weil sie wüssten, dass es nicht ihnen gehöre. Drittens blieben sie der Nachhaltigkeit treu, weil keine neuen Spielsachen angeschafft würden. »Diese Lebensweise bringt einerseits mit sich, dass wir als Familie ordentlicher leben.

Andererseits lernen unsere Kinder automatisch, sich nicht über ihren Besitz zu identifizieren.« Michael Mettler beobachtet zwischen seinen Kindern und anderen Kindern im Umkreis, dass sie weniger nach Dingen fragen, sondern eher nach Momenten oder Sachen, die die Eltern mit ihnen unternehmen könnten. »Das hat vielleicht nicht unbedingt etwas mit Minimalismus zu tun. Wir leben ganz bewusst mit den Sachen, die wir besitzen. Und unsere Kinder schauen sich diese Achtsamkeit ab. Sie definieren sich nicht über irgendwelche Besitztümer.«

Fazit – wie viel ist genug?

Wie viel Spielzeug brauchen Kinder? Aus suchtpräventiver Sicht ist es sinnvoll, ab und zu spielzeugfreie Zeiten einzuführen. In dieser Zeit können die Kinder mit sogenannten offenen Materialien spielen. Das können Alltagsgegenstände wie Tücher, Polster, Decken oder Schachteln sein – Materialien, die den Kindern die Möglichkeit geben, zum aktiven, aus eigenem Antrieb gelenkten Spiel zurückzufinden. Während dieser Zeit bekommen die Kinder eine »Auszeit« vom vorgefertigten Spielzeug, das meist genaue Spielabläufe und Nutzungsbedingungen vorgibt. Eine spielzeugfreie Zeit lässt sich auch zu Hause umsetzen. Ein weiterer Vorteil der spielzeugfreien Zeit ist, dass voraussichtlich weniger Spielzeug vom Kind zurückverlangt wird. Eltern können so sicherstellen, dass das Spielzeug hinterher auch tatsächlich genutzt wird.

Ist eine einzige Box mit Spielsachen, wie bei der Minimalismus-Familie Mettler, ausreichend? Die Diplom-Psychologin Birgit Langebartels führt unter anderem Studien zum Thema Gendermarketing durch und hat selbst drei Kinder. »Oft wird die Frage gestellt, ob das Angebot für Kinder typisch Mädchen oder typisch Jungen sein muss.« Im Kaufhaus finden sich rosa Ponys und finstere Ninja-Krieger in nach Geschlechtern getrennten Regalen. Vom »Elfentrank« für Mädchen zum »Monster-Alarm«-Getränk für Jungen, auch bei den Lebensmitteln ist die Geschlechtertrennung bereits angekommen. Ist das wirklich notwendig? Die Diplom-Psychologin ist zwiegespalten: »Das kann teilweise absurde Formen annehmen. Je älter die Kinder werden, desto mehr haben sie jedoch das Bedürfnis, ein gewisses Bildangebot zu bekommen.« Das ist laut der Psychologin wichtig für die Entwicklung und betrifft auch Spielsachen im Kinderzimmer. »Es sollte schon ein Entwicklungsversprechen beim Spielzeug gegeben sein. Kinder brauchen ein gewisses Angebot, um sich auszuprobieren.« Das kann beispielsweise ein Kostüm sein, über das ein Kind in eine bestimmte Rolle schlüpft und sich ausprobieren kann.

Sie befürwortet das Rotationsprinzip im Kinderzimmer, bei dem ein Teil der Spielsachen öfter mal ausgetauscht wird und solange zum Beispiel in den Keller kommt. So könnten immer wieder neue Anreize geschaffen werden. Natürlich sollte sich die Menge an Spielzeug in einem angemessenen Rahmen bewegen. »Wenn es zu viele Sachen gibt, ist das Einzelne wertlos in der übermäßigen Fülle. Die Kinder sind überfordert.« Wichtig sei jedoch die Möglichkeit, eine Beziehung zu den Dingen aufbauen zu können. Nur so lernen Kinder, ihre Sachen wertzuschätzen. Egal wie viele Piratenschiffe oder Kapla-Steine im Kinderzimmer beheimatet sind, am wichtigsten ist es, in einen gemeinsamen Austausch zu kommen. Zum einen zwischen Kind und Eltern, zum anderen zwischen Kindern untereinander. Diplom-Psychologin Langebartels warnt vor einem weiteren Aspekt bei der Einrichtung des Kinderzimmers und dem Kauf weiterer Spielsachen: »Eltern müssen sich vor Augen führen, was sie selbst darin ausleben. Kinder werden heutzutage nicht selten zum eigenen Projekt. Da wird die gesamte Energie dafür investiert, das Zimmer nach den eigenen Wünschen zu gestalten. Das ist bei dem einen das Prinzessinnenzimmer, bei dem anderen wird Öko großgeschrieben und bei Ihnen ist das vielleicht der Minimalismus. Das eine ist sicher nicht schlechter als das andere.«

Ich finde, das ist ein wichtiger Punkt, über den es sich nachzudenken lohnt. Was ist meine Motivation dahinter? Warum ist es mir so wichtig, zu reduzieren? Steckt hinter den offensichtlichen Gründen noch etwas anderes? »Erwachsene müssen sich ebenso extrem vielen Bildangeboten stellen. Es gibt täglich eine Unmenge von Möglichkeiten, die ungenutzt bleiben. Wenn ich das Gefühl habe, ich könnte eigentlich alles werden, will ich mir selbst und auch meinem Kind alles ermöglichen.« Das ist die Krux. Gar kein Spielzeug ist auch keine dauerhaft zufriedenstellende Lösung, zu viel dagegen überfordert. Ich beschließe, die Waage zu halten und zu schauen, was Marta wirklich nutzt und was überflüssig ist. Dabei versuche ich aufzupassen, dass nicht nur ich es als überflüssig bewerte. Den Tipp mit dem regelmäßigen Leihen von Spielzeug nehme ich gerne an. Genauso wie das Rotationsprinzip, das ich bisher schon mehr oder weniger halbherzig befolgt habe.

Minimalismus-Hacks

- Rotationsprinzip: Räume in regelmäßigen Abständen nicht genutztes Spielzeug in den Keller und biete es erst nach einiger Zeit wieder an. Wird es dann weiterhin nicht genutzt, kannst du getrost aussortieren.
- Mit dem Kind gemeinsam ausmisten: So lernt dein Kind zu überlegen, was es gerne hat und was überflüssig ist. Es entdeckt vielleicht auch bereits Vergessenes und spielt wieder gerne damit. Lasse auf keinen Fall heimlich Dinge verschwinden.
- Regelmäßiges Aussortieren: Dein dreijähriges Kind hat noch Babyspielzeug? Falls es sich nicht mehr dafür interessiert, weg damit. Regelmäßiges Aussortieren hilft, schnell Ordnung in das Chaos zu bringen.
- Ausleihen: Sogenannte Ludotheken oder Bibliotheken bieten gegen einen kleinen Jahresbetrag sehr viele altersgerechte Spiele, Spielsachen und Bücher an. In der Regel können bis zu fünf Spiele gleichzeitig geliehen werden.
- Spielzeugfrei: Versuche, phasenweise ganz auf Spielzeug zu verzichten, um Selbstkontrolle und Fantasie bei deinem Kind zu fördern. Besonders wichtig ist dann die Kommunikation mit dir oder anderen erwachsenen Bezugspersonen.

FRÜHKINDLICHE FÖRDERUNG

»Ein kleines Mädchen mit gelocktem Haar und einer roten Mütze, die sie einst von ihrer Großmutter geschenkt bekam, steht auf der Wiese und pflückt von den schönsten Blumen am Wegesrand einen Strauß.« Die großen Seiten des Buches werden von Martas Patschhändchen inspiziert. Sie beobachtet sehr genau, sieht die Rotkehlchen, wie sie auf dem Korb von Rotkäppchen sitzen, und auch den Wolf, der im Hintergrund durch die Szenerie irrt.

»Welche Farbe hat das Gras?« »Äh ... ich weiß nicht. Blau?«, höre ich meine fast dreijährige Tochter sagen. Im gleichen Moment überkommt mich ein Gefühl des Genervtseins. Ich habe ihr gefühlte 3 000-mal erklärt, dass das Gras grün ist und der Himmel blau. Was ist daran so schwer? Ich bin ratlos. Ist meine Tochter nicht intelligent oder fördere ich sie zu wenig?

Da man Farben nun mal nur mit der Benennung von Farben erklären kann und ich von Beruf Grafikdesignerin bin, weiß ich, dass kein Fachpädagoge der Welt es der Unwissenden besser beibringen könnte als ich. Entwicklungsphysiologisch betrachtet sollte eine Dreijährige in der Lage sein, die Farben zu benennen. Ich kenne sogar Zweijährige, die das bereits fehlerfrei beherrschen. Was mache ich also falsch? Oder stimmt etwas mit meinem Kind nicht? Die Antwort lautet: lockermachen. Abwarten. Ist leichter gesagt als getan, aber so ist es eben.

Ich kenne Eltern, die ihren Nachwuchs bereits im Krippenalter für den weltweiten Konkurrenzkampf abrichten. Da gibt es drei Monate alte Babys, die in bilinguale Krippen gesteckt werden, oder Dreijährige, die rund um die Uhr von der Mutter betreut werden und ihr einziger Kontakt zur Außenwelt der mit der Ballettlehrerin und anderen Primaballerinas ist. Der Versuch, von seinem Kind eine perfekte Version seiner selbst zu machen, ist keine Ausnahmeerscheinung. Fast jeder dritte Nachkömmling wird bereits im Vorschulalter gefördert oder therapiert. Auch ich erkenne an meiner Sorge um die missglückte Farbenlehre meiner Tochter, dass ich mich davon nicht ausschließen kann. Das früher allseits bekannte »Raus mit dir, geh auf die Straße spielen!« wird zu »Rein an den Schreibtisch, lernen!«

Frau Prof. Dr. Elsbeth Stern ist eine der renommiertesten Lernforscherinnen im deutschsprachigen Raum. Mit ihr spreche ich über das Vorhaben vieler Eltern, aus ihrem Sprössling ein maßgeschneidertes Premium-Kind zu machen. »Ich sehe häufig, dass viele Eltern ihren Einfluss auf die Entwicklung des Kindes überschätzen.« Aus wissenschaftlicher Sicht betrachtet wisse man, dass die Genvariationen dafür verantwortlich sind, wie intelligent ein Kind ist. »Die Vorstellung, dass man selbst der Architekt des Kindergehirns ist, stimmt natürlich überhaupt nicht.« Eltern, in deren Imagination der eigene Mini-Me ganz oben mitschwimmt und sie alles dafür tun würden, denen rät Frau Prof. Stern, noch einmal gründlich über den Kinderwunsch nachzudenken. »Da kann man sich auf eine Enttäuschung einstellen. Die Anlagen spielen einfach eine große Rolle und die hat man nicht unter Kontrolle.«

Man sollte das kleine Dummerchen also nehmen, wie Gott es schuf. Durch Baby-Yoga oder andere aufgezwungene Fördermaßnahmen wird der Intelligenzquotient nicht steigen. Vielmehr sollten Eltern schauen, dass die Kinder ihr genetisches Potenzial positiv nutzen. »Beobachten Sie, was ihre Tochter in der Welt interessiert. Falls sie gerne Musik mag, und da unterscheiden sich Menschen sehr stark, dann singen Sie mit ihr. Wenn Sie das Gefühl haben, Sie sind an Ihre Grenzen gekommen, weil Sie zum Beispiel nicht so musikalisch sind, dann könnten Sie es mit Musikstunden versuchen.« Solange ein Kind Spaß und Interesse an einer Sache hat, kann es gerne dabei unterstützt werden. Klingt logisch. Mit einem Kind, das sich für Tiere interessiert, kann man in den Zoo gehen. Falls es sich aber nach wenigen Besuchen bereits langweilt, sollte man es nicht dazu zwingen, nur weil man jetzt eine Jahreskarte gekauft hat.

»Es ist schön, dass es solche Angebote wie Reiten, Tanzen oder ein Instrument lernen gibt. Jedoch sollten Sie das nur machen, wenn Ihr Kind eine Begeisterung dafür mitbringt.« Die Vorstellung, dass Kinder Klavier spielen müssen, damit sie intelligent werden, ist schlichtweg falsch. »Kinder sollten nur Klavierunterricht bekommen, wenn sie auch Spaß daran haben.«

Zeit, Aufmerksamkeit und liebevoller Umgang

Ein minimalistischer Lebensstil beinhaltet das gezielte Aussortieren von unwichtigen Dingen und Aufgaben zugunsten von mehr Freizeit. Von diesen neu gewonnenen Stunden auf dem Zeitkonto profitieren idealerweise die Liebsten um einen herum, allen voran die Kleinsten. Ich sehe Achtsamkeit als eine Art inneren Minimalismus. Indem ich die Zeit mit meinem Kind im Hier und Jetzt verbringe und nicht noch zehn andere Dinge gleichzeitig erledige, kann ich mich voll und ganz auf den kleinen Menschen vor mir fokussieren. So kann ich erkennen, für was er brennt und wo seine Stärken liegen. Er wird merken, dass ich mir die Zeit nehme. Nach Frau Prof. Stern gibt es weitere Komponenten, die sehr viel wichtiger sind, als herauszufinden, in welchem Bereich das eigene Kind seine Inselbegabung hat. »Um sein genetisches Potenzial voll auszunutzen, braucht es eine natürliche und uneingeschränkt positive Bindung zum Kind. Es muss sich geliebt fühlen und es braucht ausreichend Aufmerksamkeit.« Die Weichen werden innerhalb der Familie gestellt. Entscheidend ist, was die Eltern im Alltag tun, intuitiv, ohne Programm – und was sie unterlassen.

Vorlesen spielt dabei eine wichtige Rolle. Das sogenannte interaktive Lesen verbessert die sprachliche Kompetenz. Schaut eine Mutter sich mit ihrem Nachwuchs ein Bilderbuch an, dann soll das Kind seine Fragen stellen dürfen. Ein weiterer wichtiger Aspekt zum Gipfel der eigenen Intelligenz ist der Kontakt zu Gleichaltrigen. »Zum natürlichen Umfeld der Kinder gehören andere Kinder. Sie können sich streiten und früh Konflikte erleben, aber auch schöne Dinge zusammen machen. All das gehört unbedingt dazu und fördert die kognitiven Prozesse«, so Frau Prof. Stern. Hinzu kommt eine einigermaßen ausgewogene Ernährung – und die Reise nach Pisa ist gesichert.

Falsche Förderung kann schädlich sein

Was es nach der Intelligenzforscherin nicht braucht, sind überkandidelte Dinge, von denen wir nicht wissen, ob sie vielleicht sogar schädlich sind. Ein Beispiel dafür: der bilinguale Kindergarten. Wer möchte, dass sein Kind mehrsprachig aufwächst, obwohl beide Eltern nur eine Hauptsprache im Miteinander verwenden, der schickt sein Kind in solch eine Einrichtung. Ursprünglich wurde das Konzept des bilingualen Kindergartens für Grenzgebiete und Stadtteile mit hohem Ausländeranteil entwickelt. Die Idee, neben Deutsch als Muttersprache noch eine zweite Sprache zu erlernen, sollte die zwischenmenschliche Kommunikation im gesellschaftlichen Miteinander fördern. Wissenschaftliche Forschungen kamen zu dem heute bekannten Konzept, nach dem Kinder im Kindergarten zwei Sprachen erlernen und im Rahmen dieser gleichermaßen gefördert werden. Nun ist es aber so, dass diese Einrichtungen sich im ganzen Land verbreitet haben und teilweise Sprachen anbieten, die in keiner Relevanz zum Leben des Kindes stehen. Viele Eltern sind der Meinung, dass ihre Kinder später Vorteile haben, wenn sie von klein auf mehrere Sprachen erlernen, ohne dass diese im familiären und sozialen Umfeld gesprochen werden.

»Ein bilingualer Kindergarten in einem Kontext, in dem Bilingualität keine Rolle spielt, ist nicht nur überflüssig, er kann sogar schädlich sein«, meint Frau Prof. Stern. Wenn ein Kind beispielsweise von klein auf Chinesisch lerne und keine Idee von den Menschen habe, die so sprächen, werde es ein seltsames Weltbild bekommen. Die Sprache müsse in den Alltag eingebunden und an eine feste Bezugsperson gekoppelt sein. Nur dann haben die Kleinen einen emotionalen Zugang zu fremden Vokabeln. Noch besser sei es, wenn das Lernen im natürlichen Kontext gefördert werde. Es wirke sich beispielsweise sehr positiv auf die kognitive Entwicklung aus, wenn Eltern handlungsbegleitend mit ihren Kindern sprächen und sie mit Gleichaltrigen zusammenbrächten. »Spielen Sie mit Ihrem Kind Mensch-ärgere-dich-nicht. Oder noch besser, sorgen Sie dafür, dass Ihr Kind mit anderen Kindern zusammenkommt und sie gemeinsam Spiele spielen.«

Schadet frühe Kinderbetreuung?

Laut Frau Prof. Stern spricht nichts dagegen, Kinder früh in Betreuung zu geben. Denn was wir früher mit den Nachbarkindern auf der Straße und im Wald erlebt haben, ist nicht mehr in dem Maße gegeben. Kinderbetreuung hat heute daher nicht nur die Funktion, dass Mütter arbeiten können, sondern auch, dass Kinder mit anderen Kindern zusammenkommen. »Ich kann die Angst verstehen, dass man die Kinder nicht alleine in den Wald schickt. Da gibt es zu viele Gefahren, das ist gar keine Frage.« Vor allem im städtischen Umfeld ist es zu unsicher.

Ich selbst bin in einem ländlichen Bereich aufgewachsen und erinnere mich, dass es immer Landwirte gab, die auf den Feldwegen unterwegs waren. So wurde man schnell entdeckt, falls mal etwas passiert ist. Wenn ich heute dorthin zurückkomme, wirkt es wie ausgestorben. Das vertraute Rattern des Traktors ist verschwunden. Die Wege abseits der Straßen sind leer. Keine Kinder, selten Erwachsene. Hier und da ein Hundebesitzer, der mit seinem angeleinten Vierbeiner spazieren geht. Heißt das nun, dass Kinder heute keine Abenteuer mehr erleben dürfen? Es ist eine nachvollziehbare Entwicklung, die sich unter dem Deckmantel »gefährlich« in der nicht mehr ganz so unbeschwerten Kindheit breitgemacht hat. Ob sie gut ist, sei dahingestellt.

Jeder bringt seine eigene Schaufel mit zum Spielplatz. Mama sitzt in unmittelbarer Nähe am Sandkastenrand. Es wird stetig sichergestellt, dass Niklas dem kleinen Felix nicht den Bagger abnimmt. Sobald es zu einem Konflikt kommt, intervenieren die Erziehungsberechtigten. Um aus den eingeschränkten Möglichkeiten von heute das Beste herauszuholen, hat Frau Prof. Stern einen Vorschlag: »Ideal wäre es, wenn man beispielsweise einen großen Park abzäunt und dafür sorgt, dass die Kinder in diesem Raum spielen dürfen, was sie wollen. Konzepte, wie ein Waldkindergarten, in dem die Kinder im geschützten Raum Abenteuer erleben können, sind ideal. Es müssen keine zehn Eltern auf der Spielplatzbank sitzen. Auch für Eltern gibt es sicher Spannenderes. Sie könnten sich abwechseln.« Solange Kinder sich mit der

Schaufel nicht den Kopf einschlagen, sollten Eltern sich zurückziehen und die Räuber und Gendarmen auch mal Konflikte austragen lassen. Wie langweilig wäre Fluch der Karibik, wenn Captain Jack Sparrow bei der Schlacht um sein Schiff immer wieder von seiner Mutter darauf hingewiesen wird, jetzt mal nicht zu doll zu machen. Selbstverständlich sollte jemand da sein, der Aufsicht führt. Diese Personen haben jedoch nicht die Aufgabe, die Kinder ständig zu bespaßen, sondern sollten lediglich dafür sorgen, dass nichts passiert.

Selbstkontrolle fördern

Ein schrilles Schreien schallt durch den Park. »Ahhh neiiiiiin. Das ist meins!!!« Schon an der außergewöhnlich nervenden Tonhöhe kann ich ahnen, welches Kind in die Streiterei involviert ist. Ein Blick nach hinten, über die sonnenbestrahlte grüne Wiese, die bislang von idyllischer Ruhe erfüllt war, bestätigt mein Gefühl. Es handelt sich um meine Tochter, die gerade im Begriff ist, ihren Puppenwagen als Flugobjekt zu missbrauchen, um das Spielzeug eines anderen Mädchens in ihre Herrschaft zu bringen. Diese möchte es jedoch behalten und hält daran fest, während Marta immer schriller schreit.

Ja, es ist ein schöner Sommertag. Die Tonspur zu diesem sonnigen Tag bestand bislang aus freundlichen Gesprächen und dem Zischen von gegrillten Würstchen. Die halbe Stadt hat sich aufgemacht zum Picknick im Park. Nun sind alle Augen auf das Spektakel gerichtet. In den Hauptrollen: meine Tochter, der feuerspeiende Hausdrache, und ich, die herausgeforderte Erziehungsberechtigte. Die Zuschauer fragen sich, warum die Mutter die 98 Zentimeter hohe Göre einfach nicht unter Kontrolle bekommt. Ich versuche, ruhig auf sie einzureden, ihr zu erklären, dass es sich nicht um ihr Spielzeug handelt. Vergebens.

Was hier noch ein bisschen auf sich warten lässt, ist die sogenannte Exekutivfähigkeit, umgangssprachlich als Impuls- oder Selbstkontrolle bekannt. Sie ist unser inneres Stoppschild und hilft dabei, den Chef nicht direkt anzuspucken, wenn dieser sich unter dem Vorwand fadenscheiniger Ausreden weigert, die längst überfällige Gehaltserhöhung zu gewähren.

Die Fähigkeit, Situationen einzuschätzen und die eigenen Reaktionen unterschiedlichen Eindrücken und Emotionen zuzuordnen, sitzt im Frontallappen des Großhirns. Dieses Zentrum entwickelt sich am langsamsten und längsten und es ist erst bei jungen Erwachsenen vollständig ausgebildet. Was Eltern bei ihren Kindern oft wie Trotz oder übertriebene Wut erscheint, ist oftmals auf eine Unreife des kindlichen Gehirns zurückzuführen. Das Kind ist schlicht noch nicht in der Lage, manche Reaktionen zu kontrollieren. Eine Situation wie die im Park ist eine wunderbare Lektion, Selbstkontrolle zu üben, auch wenn ich insgeheim hoffe, dass diese Lektionen in Zukunft nicht mehr in der Öffentlichkeit stattfinden. Viel wichtiger als Intelligenztests und Kurse in Frühenglisch ist es also, die Selbstkontrolle der Kinder zu fördern.

Frau Prof. Stern empfiehlt, den Alltag zu nutzen, um diesen Regulationsmechanismus zu üben. Kleinere Aufgaben im Haushalt können bereits früh übertragen werden. So kann ein Kind lernen, dass es unabhängig von den eigenen Bedürfnissen und Emotionen Pflichten gibt, die zu erfüllen sind. Eine weitere Möglichkeit ist es, die Verantwortung für die eigene Zeit zu übertragen. »Motivieren Sie Ihre Tochter zu überlegen, was sie gerne spielen möchte und was ihr vielleicht weniger Spaß macht. Sie darf ruhig schon früh im bescheidenen Rahmen eigene Entscheidungen treffen«, erklärt mir die Professorin für Lehr- und Lern-Forschung an der ETH Zürich. Ein Kind kann dadurch bereits früh lernen, dass die Verantwortung über einen schönen oder einen schlechten Tag oftmals in den eigenen Händen liegt. »Manche Dinge sind vielleicht doch nicht so toll, wie Ihre Tochter sich das zunächst gedacht hat. Das ist ein wichtiger Aspekt auf dem Weg zur Selbstkontrolle.«

Weniger Stress, mehr intuitive Kompetenz

Klein-Anna fährt mit ihrem Papa jeden Morgen 45 Minuten durch die Stadt. Grund dafür ist die Schule, die zwar einen super Ruf genießt, jedoch ungünstig von Annas Zuhause gelegen ist. Die Eltern wollen, dass ihre Tochter die bestmögliche Bildung bekommt, und haben sich deshalb intensiv mit dem Thema auseinandergesetzt. Sie zahlen sogar Geld für die private schulische Einrichtung, die von allen aus dem Bekanntenkreis empfohlen wurde. Eine gute Investition in die Zukunft, würde man meinen. »Die Eltern bringen in diesem Fall große Opfer, daraus resultieren bestimmte Erwartungen an die Schule und den Lernerfolg von Anna. Was es jedoch auch mit sich bringt, ist Stress und das ist überhaupt nicht gut für Kinder. Die Familie quält sich jeden Morgen durch den Verkehr und verliert dadurch viel Zeit. Dabei wäre die Schule um die Ecke vielleicht auch ausreichend.«

Die Eltern schaffen sich hier Probleme durch Dinge, die nicht ins Leben passen und sich eher negativ auswirken. Frau Prof. Stern und ihre Kollegen werden als Lernforscher häufig von Eltern um Rat gebeten, auf welche Schule sie ihren Nachwuchs bestenfalls schicken sollten. »Wir sagen in solchen Fällen, dass sie wirklich sehr gute Gründe haben müssen, nicht zur nächstgelegenen Schule zu gehen. Es macht den Alltag so viel entspannter und das kann für Kinder sehr viel wichtiger sein als irgendwelche Schulen, die Versprechungen machen, die dann doch nicht eingehalten werden können.« Ein Kind, das durchschnittlich intelligent ist, wird auch in der besten Schule kein Überflieger werden. Daher rät die Lernforscherin, genau zu überlegen, in welchen Fällen man den Alltagsstress reduzieren kann. Das hat nicht nur positive Effekte auf das Familienleben, sondern auch auf die Entwicklung des Kindes.

Es klingt total banal, aber auch ich erwische mich dabei, wie ich mit meinem Partner diskutiere, ob der Montessori-Kindergarten nicht doch passender wäre als die städtische Krippe. In dieser gibt es nämlich an drei von fünf Tagen Spaghetti. Und das nervt mich, da ich selbst keine Nudeln mehr kochen kann, wenn es mal schnell gehen muss. Allerdings würde der Weg zum pädagogisch wertvollen und ernährungsmäßig abwechslungsreicheren Kindergarten sehr viel Zeit kosten, denn er befindet sich in einem anderen Stadtteil. Der morgendliche Stress, den ich uns damit zumuten würde, steht in keinem Verhältnis zum einseitigen Teigwarenkonsum. Davon abgesehen fühlt sich meine Tochter in ihrer jetzigen Krippe pudelwohl und sie liebt die italienische Variante der deutschen Kartoffel.

Doch wie kann es so weit kommen, dass Eltern sich selbst und ihren Kindern so viel Stress zumuten? Wo bleibt da der gesunde Menschenverstand, die intuitive Kompetenz? »Es wird so viel Unsinn behauptet und das verunsichert Eltern häufig. Beispielsweise die Behauptung, man werde durch Musik intelligenter. Oder das Gerücht vom ›Window of Opportunity‹, einem Zeitfenster, das sich schließt, wenn das Kind nicht in einer bestimmten Zeit etwas lernt.« Das gibt es nur in extremen Umwelten, wenn man sehr stark in die Entwicklung eingreift und akustischen und visuellen Input verhindert. Würde man einem Kind von Geburt an eine Augenklappe aufsetzen und die Ohren zukleistern, dann würde etwas irreparabel zerstört. »Im Allgemeinen ist Entwicklung relativ robust. Solange Kinder in einer normalen Umwelt aufwachsen und sich emotional geborgen fühlen, muss man keine Bedenken haben«, erklärt die Lernforscherin. Die Geschichte um das Zeitfenster mit der Behauptung »use it or lose it« ist also reine Angstmache zulasten der intuitiven Kompetenz.

Gelassenheit statt Förderwahn

In Zeiten von PISA-Studie und Förderwahn ist es wichtig, dass sich Eltern darüber im Klaren sind, dass vor allem die positive Bindung und die einfühlsame Beziehung zum Kind entscheidend sind. Entwicklung kann nicht von außen beeinflusst, gesteuert oder in irgendeiner Weise beschleunigt werden.

Ich erlebe viele Eltern, die verunsichert sind und Angst haben, dass ihre Kinder nicht frühzeitig gefördert werden. Ich selbst bin davon nicht gänzlich ausgenommen. Ich versuche, durch minimalistische Ansätze in unserem Alltag ein bisschen gelassener zu werden, um die Entwicklung meiner Tochter positiv begleiten zu können. Statt mit Kursen eine Atmosphäre wie im Unterricht aufzubauen, genügt es oftmals, einfache Anregungen in den Alltag einzubauen. Jedes Kind entwickelt sich unterschiedlich. Die einen können eher laufen, die anderen sind sprachlich begabter. Das weiß jeder und daher wird es von allen immer wieder gepredigt. Die Wahrheit ist jedoch: Solange es einen nicht selbst betrifft, ist es eine Phrase. Sobald das eigene Kind im Vergleich zu anderen Kinder im Bekanntenkreis eine Entwicklungsverzögerung hat, stellt sich schnell eine Verunsicherung ein. Auch wenn diese unbegründet ist, ist es für Eltern, vor allem beim ersten Kind, schwer, abzuwarten und den Dingen ihren Lauf zu lassen. Deshalb ist es für Eltern wichtig, zu erkennen, woher diese Verunsicherung kommt.

Ich habe den Eindruck, dass mir durch Medien und das Verhalten anderer Eltern häufig vermittelt wird, dass es meine Elternpflicht ist, mein Kind optimal zu fördern. Gerade weil ich berufstätig bin, habe ich oft das Gefühl, nicht ausreichend produktive Zeit mit meinem Kind zu verbringen. Am Abend bleibt häufig nur noch die Zeit, um zu kochen, zu essen und aufzuräumen. Die Gutenachtgeschichte wird im Schnelldurchlauf gelesen oder fällt auch mal komplett aus. Ich befinde mich selbst häufig in einer Spirale aus unzähligen vermeintlich wichtigen Dingen, die erledigt werden müssen, und will den Erwartungen anderer sowie meinen eigenen Erwartungen gerecht werden. Anstatt mir selbst die Frage zu stellen, was wirklich notwendig ist, arbeite ich die Dinge ab und vergesse dabei häufig meine eigenen Bedürfnisse und die meiner Tochter. Ich nehme mir vor, öfter mal innezuhalten und mich zu fragen, ob das, was ich gerade mache, wirklich so wichtig ist. So kann ich getrost sagen, ich bin für meine Tochter da und vernachlässige sie nicht. Ich muss kein schlechtes Gewissen haben und kann souverän damit umgehen, dass sie die Farben noch nicht so gut kann. Nach dem Gespräch mit Frau Prof. Stern weiß ich, dass es vor allem wichtig ist, die Grundbedürfnisse meines Kindes zu erfüllen. Das bedeutet, liebevoll auf seine Bedürfnisse einzugehen, sich Zeit zu nehmen und zu schauen, wo die persönlichen Interessen liegen, und diese zu unterstützen.

Solange man also sein Kind nicht ausschließlich mit Pommes füttert, es ab und zu in den Arm nimmt und ihm nicht mit der Bratpfanne auf den Kopf haut, macht Klein-Einstein schon seinen Weg.

Minimalismus-Hacks

- Bewusst Zeit nehmen: Schau beispielsweise mit deinem Kind zusammen ein Buch an. Beim interaktiven Lesen kannst du Rückfragen direkt klären und dich mit deinem Kind über das Buch unterhalten.
- Achtsam sein: Beobachte dein Kind und finde heraus, wo seine Interessen liegen, für was es sich in besonderem Maße begeistern kann. Versuche, das zu unterstützen. Erst wenn du das Gefühl hast, das Optimum ist erreicht und du kommst an deine Grenzen, schaue, ob es in der Nähe vielleicht ein Angebot gibt. Wenn dein Kind das Interesse verliert, zwinge es nicht weiterzumachen.
- Mit Gleichaltrigen zusammenbringen: Lass die Kinder einfach spielen. Die Aufsichtsperson ist da, um zu schauen, dass nichts passiert. Sie ist nicht der Entertainer im Mini-Club. Wenn Konflikte entstehen, greife möglichst spät ein. Unterstütze die Kinder gegebenenfalls bei der Problemlösung.
- Gelassenheit: Mache dich nicht verrückt, wenn dein Kind in Teilbereichen langsamere Entwicklungsfortschritte als Altersgenossen macht. Keiner gleicht dem anderen, und was nicht ist, kann ja bekanntlich noch werden.

FAZIT: MINIMALISMUS

MIT KINDERN, WIE GEHT DAS?

Minimalismus mit Kindern betrifft viele Bereiche im Familienleben. Hierbei geht es nicht nur darum, Spielzeug zu reduzieren, sondern im Wesentlichen sind es die Eltern, die über ihr Verhalten genauer nachdenken sollten. Das beginnt bereits in der Schwangerschaft: Die Industrie verspricht uns eine luftballonleichte Babywelt, indem sie mit Kaufversprechen gegen die Verunsicherung und die Ängste vieler junger Eltern lockt. Diese Ängste lassen sich jedoch mit dem Konsum von materiellen Gütern nicht beseitigen. Die mannigfaltige Auswahl von Erziehungsratgebern, die sich gegenseitig widersprechen, fördert eher diese Verunsicherung, als zu helfen und Mut zu machen.

Es ist sehr schwer, sich in der heutigen Zeit von den zahlreichen Verlockungen fernzuhalten. Die Erkenntnis, dass das wahre Glück nicht im Kauf von Dingen liegt, hilft, dieses Verhalten kritisch zu überdenken und zu ändern. Doch neben dem reduzierten Konsumverhalten gibt es weitere Maßnahmen, die helfen, ein zufriedenes und bereicherndes Familienleben zu führen. Ein Leben, indem wir nicht immer unterwegs sind und doch nie richtig ankommen. Ein Leben, indem wir nicht rund um die Uhr unterhalten werden wollen, aber uns im Endeffekt gar nicht mehr richtig unterhalten. Wir sind viel beschäftigt und oft geschafft. Das muss endlich ein Ende haben.

Minimalismus als Luxusproblem reicher Nationen

Unser Alltag ist geprägt von permanentem Zeitdruck und Hetze. Der Kalender ist meistens voll und zwischen Job und Kind bleibt kaum noch Zeit für den Partner oder für sich selbst. Minimalismus ist der bewährte Weg, um Überflüssiges aus dem Leben zu werfen und sich auf das Wesentliche zu konzentrieren. Dabei wird nicht länger versucht, einer Vielzahl von Dingen, Menschen und Aufgaben gerecht zu werden. Mit minimalistischen Ansätzen beschränke ich mich auf weniger Optionen. So kann ich mich diesen mit genügend Zeit, Aufmerksamkeit und Liebe widmen. Minimalisten sind eher Verbraucher als Konsumenten. Sie kaufen und besitzen nur das, was sie wirklich (ver-) brauchen. Das ist der wichtigste Schlüssel gegen Zeitmangel und Gehetztsein. Besitz bindet unglaublich viel Zeit.

Minimalismus hilft mir zu entscheiden, welche Termine wirklich wichtig sind und welche ich ohne schlechtes Gewissen aus dem Kalender streichen kann. Es ist nicht mein Ziel, auszuwandern und in einem weniger kapitalistischen Land zu leben, um die vollständige Entschleunigung zu finden. Ich möchte dem Alltag nicht komplett entsagen, denn grundsätzlich bin ich zufrieden mit meiner Arbeit und all den Themen, die zum Leben mit Kind dazugehören. Für mich ist es wichtig, dass ich einen Job habe und unabhängig bin. Ich muss nicht reich sein, um ein erfülltes Leben zu haben. Finanzielle Rücklagen helfen natürlich dabei, sorgenfreier zu leben.

Minimalismus ist nicht ohne Grund ein Thema, das ausschließlich in reichen Ländern aufkommt und teilweise heftig diskutiert wird. Das freiwillige Loslassen von Dingen ist ein Luxusproblem. Oftmals werden Minimalisten als eine ethische und intellektuelle Elite beschrieben, die den Armen erklärt, dass Konsum nicht glücklich macht.

In vielen anderen Ländern und sozialen Schichten sind die Familien gezwungen zu verzichten. Marie Kondo, die zierliche Japanerin, die

Minimalismus in viele westliche Kleiderschränke und Wohnzimmer gebracht hat, bittet die Menschen, sich folgende Frage zu stellen: »Entfacht dieses Teil Freude in mir?« Falls nicht, bedankt der Eigentümer sich bei dem Kleidungsstück, dem Kochlöffel oder der Suppenkelle und packt es in eine der zig Mülltüten. Ein Bedürftiger, der auf der Straße lebt, oder eine Familie, die jeden Monat schauen muss, ob sie die Miete zahlen kann und genug zum Essen hat, wird es sich dagegen kaum leisten können, diese Frage zu stellen.

Es fühlt sich fast überheblich an, über Themen wie Zeitmangel, Konsumverhalten und frühkindliche Fördermaßnahmen nachzudenken, wenn mir bewusst ist, welches Glück ich habe, in diese soziale Schicht geboren worden zu sein, ohne etwas dafür getan zu haben. Ich denke jedoch, jemand, der mit einem minimalistischen Grundgedanken versucht, weniger zu konsumieren, nachhaltig zu leben und dabei die Dinge spendet, die nicht mehr benötigt werden, trägt zumindest dazu bei, die Umwelt zu schonen. Das Ungleichgewicht zwischen Arm und Reich, zwischen Abhängig und Unabhängig wird dadurch kaum beeinflusst. Es bringt auch nichts, stattdessen nichts zu tun und sich wie gelähmt in die Gegebenheiten zu fügen mit dem Wissen, dass man als Einzelner kaum etwas ändern kann. Minimalismus ist unumstritten ein Thema, mit dem sich Menschen auseinandersetzen, denen es grundsätzlich gut geht und die eine gewisse finanzielle Unabhängigkeit genießen. Trotzdem sind das Konsumverhalten und die Lebensweise ein Problem unserer heutigen Gesellschaft, unter dem nicht nur der Einzelne leidet, sondern letztlich die Kinder, die in dieser Welt leben. Sie sind es, die die Möglichkeit haben, durch ihr Verhalten etwas zum besseren Umgang miteinander beizutragen.

Der neue Luxus: Zeit

10 000 – das ist die Anzahl der Gegenstände, die ein Bürger laut Statistischem Bundesamt durchschnittlich besitzt (Stand 2018). Vor 100 Jahren waren es gerade mal 180 Gegenstände, die in einem Haushalt in der Vorkriegszeit vorhanden waren. Seitdem hat sich der Bestand an Besitztümern stetig aufgebläht, bis er aus allen Nähten zu platzen droht.

Mein Haus, mein Auto, mein Boot – diesen erfolgreichen Werbespot der Sparkasse aus den 1990ern kennt jeder. Er bringt den damaligen und auch heute teilweise noch vorherrschenden Zeitgeist auf den Punkt. Nämlich den, in dem Schnelllebigkeit zur Tugend erhoben wird und Langsamkeit und Stillstand gefürchtet werden. Allmählich erkennen wir jedoch, dass in diesem grenzenlosen Konsum mitunter die Quelle der Unzufriedenheit liegt. Das Leben ist eine soziale Angelegenheit. Wichtig sind die anderen Menschen, von denen wir umgeben sind. Der Austausch und der Kontakt mit ihnen bereiten uns Freude, Konsum lenkt eher davon ab. Den Sinn des Lebens und echtes Glück erfahren wir durch intakte Beziehungen in der Partnerschaft, in der Familie und zu Freunden, durch soziales Engagement, durch finanzielle und persönliche Freiheit, durch Gesundheit und durch das, wofür wir brennen.

Es geht nicht darum, 3 000 oder 300 Dinge zu besitzen, alles durchzuzählen und jeden einzelnen Kauf zu rechtfertigen. Jeder muss für sich selbst herausfinden, wie viel genug ist und wo zu viel beginnt. Materielle Dinge sollen dazu dienen, unsere essenziellen Bedürfnisse zu befriedigen und unser Leben zu erleichtern.

Das Entscheidende dabei ist der Maßstab. Wie viele Dinge besitzen wir und welche Zeit kosten sie uns? Jemand, der viel besitzt, hat schneller Unordnung, muss häufiger aufräumen und vergeudet letztlich seine Zeit. »Hört endlich auf, so zu tun, als hätten wir mehrere Leben!«, möchte ich allen zurufen.

Zeit ist unser kostbarstes Gut. Sie ist wichtiger als Besitz. Minimalismus hilft dabei, wieder selbst über seine Zeit zu bestimmen. In der heutigen Ära des Zeitmangels und des Gehetztseins zählen Zeit haben, Leichtigkeit und Spontaneität zu den wertvollsten Gütern. Wenn unsere Kinder einmal erwachsen sind, werden sie wahrscheinlich nicht zurückblicken und denken: »Meine Eltern waren großartig, sie haben mir das schönste Barbiehaus oder das größte Playmobilschiff gekauft.« Im besten Fall werden sie glücklich auf ihre Kindheit zurückblicken und sagen: »Meine Eltern hatten immer Zeit für mich. Sie haben die Prioritäten richtig gesetzt und ich hatte immer eine Hand, die mich festhielt, wenn ich sie brauchte, und die mir auf die Schulter klopfte, als ich es mir wünschte. So sollen meine eigenen Kinder auch einmal aufwachsen können.«

Kinder sind die besseren Minimalisten

Im Grunde sind es nicht unsere Kinder, die lernen müssen, minimalistisch zu leben. Wir sind es, die durch unsere Lebensweise und unseren Umgang mit der Zeit vorleben, wie be- oder entschleunigt das Leben ist. Häufig stecken Erwachsene gedanklich zwischen den Fehlern und bedauernden Gefühlen der Vergangenheit fest. Sie haben Angst vor der Zukunft und sind mit diesen Zeitreisen derart beschäftigt, dass ihnen entgeht, was ringsherum passiert. Wenn wir ein bisschen genauer hinschauen, erkennen wir, dass Kinder von Natur aus bereits alles richtig machen. Sie benötigen nicht viel und können problemlos überall spielen – mit fast gar nichts. Dabei wechseln sie mühelos die Rollen: vom Ork zum Supermann und von der Prinzessin zur Rennfahrerin. Ein Piratenschiff lässt sich aus einem einzigen Bett bauen oder eine Kellertreppe wird zum Gebirge umfunktioniert.

Man darf nicht verlernen, die Welt mit den Augen eines Kindes zu sehen.

Henri Matisse

Es tut gut, unbeschwerte Kinder zu sehen, wie sie spielen, lachen und einfach Spaß haben. Im puncto Achtsamkeit sind sie uns um einiges voraus. Ein Kind kann auf dem Nachhauseweg an jeder dritten Blume, an jedem fünften Stein stehen bleiben und sich dafür immer wieder aufs Neue begeistern. Es kann problemlos lange und fasziniert einen Schmetterling beobachten. Dinge, die uns Erwachsene kaum noch zum Staunen bringen, denn uns ist diese kindliche Neugierde irgendwann verloren gegangen. Wir kennen das meiste bereits und haben nicht mehr so viel zu entdecken. Deshalb gehen wir mit weniger Achtsamkeit durch unseren Alltag. Es ist dieser Blick auf Kleinigkeiten, den wir verlernt haben.

Wissenschaftler haben herausgefunden, dass ein Erwachsener im Durchschnitt 15- bis 20-mal am Tag lacht – ein Kind dagegen bis zu 400-mal. Die gute Nachricht für Erwachsene: Kinderlachen steckt an. Wer mit ihnen zusammen ist, lacht häufiger. Ein weiterer Punkt, warum Kinder im Grunde die besseren Minimalisten sind, ist der Blick für das Kleine: Am Geburtstag wird plötzlich der kleine Baby-Luftballon, für den die Puste nicht mehr gereicht hat, ein Riesenerfolg, während der teure Puppenwagen in der Ecke stehen bleibt. Kinder rechnen nicht auf, sie gehen unvoreingenommen auf andere zu. Das müssen wir Erwachsene erst mal wieder lernen.

Die vielleicht wichtigste Lektion, die Kinder Erwachsenen geben können, heißt: Lebe jetzt! Kinder leben in der Gegenwart, sie grübeln nicht über Vergangenes und planen auch nicht für die Zukunft. Damit geht einher, dass sie groß im Verzeihen sind: Streit und Traurigkeit sind schnell vergessen.

Konsum und Geschäftigkeit füllen oberflächlich betrachtet das Leben, geben ihm aber noch lange keinen Sinn. Wenn wir innehalten und unser Leben betrachten, erkennen wir, dass der Zeitmangel und das Gehetztsein von uns selbst verursacht sind. Wir selbst sind diejenigen, die ihr Verhalten ändern müssen, um ein minimalistisches Leben mit Kind führen zu können.

Service

Fair-Reisen

Forum Anders Reisen: Über 100 Reiseveranstalter, die sich nachhaltigem Tourismus verpflichtet haben. Hier ist für jeden Urlaubs-Geschmack etwas dabei.

Wikinger Reisen: Wander-, Trekking- und Radreisen weltweit. Fairer Reise-Anbieter und strategischer Partner des WWF Deutschland.

BUND-Reisen: 30 Jahre Erfahrung mit Familien- und Wanderreisen, Tierbeobachtung und Volunteering europaweit.

Accept Reisen: Individuell, fair und nachhaltig – hier gibt es Urlaub mit gutem Gewissen.

ReNatour: Gemütliche und naturnahe Unterkünfte, leckere und gesunde Verpflegung, ideenreiche Angebote für Körper, Geist und Seele.

Neue Wege: Über 400 Angebote in Europa und Asien. Hier gibt es viele Gesundheits-Angebote mit Yoga, Qigong oder Meditation.

www.packwild.de/reise-wissen/fair-reisen/

Weitere Informationen und Services

rheingold institut: Institut für Markt-, Medien- und Kulturforschung

VIVID: Fachstelle für Suchtprävention. Projektberatung und -begleitung »Spielzeugfreie Kinderkrippe« und »Spielzeugfreier Kindergarten«

Kilenda: Bietet einen unkomplizierten Online-Mietservice für Kinder- und Babykleidung

Quellenverzeichnis

Minimalismus allgemein

www.careelite.de/minimalismus-lebensstil/

www.smarticular.net/zufriedener-dank-minimalismus-warum-weniger-gluecklicher-macht/

Kuschelhormon trifft Statussymbol Kind

www.zeit.de/2017/19/kinderausstattung-baby-schutz-konsum-angst

Schwangerschaft: Wie viel Kontrolle ist genug?

www.zeit.de/2017/19/kinderausstattung-baby-schutz-konsum-angst

www.mindfulbirthing.org/

Babys im Konkurrenzkampf

Unverzagt, Gerlinde: Generation ziemlich beste Freunde. Warum es heute so schwierig ist, die erwachsenen Kinder loszulassen. Beltz 2017

www.lunamum.de/mum/mommywars-der-anstrengende-konkurrenz-unter-muettern/

Die Rush Hour des Lebens umfahren

www.beobachter.ch/familie/erziehung/remo-largo-modell-kleinfamilie-ist-falsch

www.zeit.de/2018/32/remo-largo-familie-kleinfamilie-zusammenleben-gemeinschaft

www.fritzundfraenzi.ch/gesellschaft/familienleben/die-luge-von-der-vereinbarkeit

zeitzuleben.de/5-tipps-zum-nein-sagen/

frau-mutter.com/interviews-mit-eltern/perfektionismus-ablegen-endlich-entspannter-durch-den-mama-alltag/

Juul, Jesper: Die kompetente Familie. Neue Wege in der Erziehung. Beltz 2019

www.randomhouse.de/ebook/Die-kompetente-Familie/Jesper-Juul/Koesel/e342267.rhd

www.lilies-diary.com/minimalismus-mit-kind/

notyetaguru.com/2017/07/30/selbstfuersorge-warum-muetter-ein-kinderfreies-hobby-brauchen-und-ein-dorf/

Grün, grün, grün sind alle meine Kleider

www.windelmanufaktur.com/de/stoffwindeln/oekobilanz

Kaufst du noch oder leihst du schon?

www.netmoms.de/magazin/kinder/default-kinder/flohmarkt-clever-geld-sparen-durch-secondhand/

www.kilenda.de/

Stoffwindel oder Wegwerfwindel?

www.sueddeutsche.de/leben/nachhaltigkeit-stoffwindeln-oder-wegwerfwindeln-was-ist-oekologischer-1.3043389

Müll vermeiden

www.faz.net/aktuell/wirtschaft/plastikvermeidung-faellt-lebensmittelhaendlern-schwer-16186776.html

Selbermachen statt kaufen

www.utopia.de/dinge-selber-machen-statt-kaufen-38887/

Decluttering – Ausmisten und Ordnung schaffen

Kondo, Marie: Magic Cleaning. Wie richtiges Aufräumen Ihr Leben verändert. Rowohlt 2013

mehralsgruenzeug.com/minimalismus-fallen-3-dinge/

www.smarticular.net/minimalistisch-leben-einsteiger-methode-ausmisten-aufraeumen/

fensterbanktomaten.de/declutter-2/?utm_content=buffer32b3b&utm_medium=social&utm_source=pinterest.com&utm_campaign=buffer

www.einfachbewusst.de/2018/04/wohnung-ausmisten-in-15-minuten/

storlty.de/in-5 schritten-ausmisten/

Kindererziehung heute und früher

www.stern.de/panorama/gesellschaft/erziehung-war-frueher-alles-besser—die-kindheit-schon-3218252.html

Unverzagt, Gerlinde: Generation ziemlich beste Freunde. Warum es heute so schwierig ist, die erwachsenen Kinder loszulassen. Beltz 2017

Unverzagt, Gerlinde: Konsum-Kinder. Herder 2001

www.kita.de/wissen/reizueberflutung-bei-kindern/

Dipl.-Psych. Birgit Langebartels, rheingold institut Köln; medicoach Köln

Nur die Ruhe – Frustrationstoleranz stärken

www.fritzundfraenzi.ch/erziehung/elternbildung/wie-man-mit-kinder-frust-aushalten-ubt?page=all

www.elternwissen.com/familienleben/harmonie-familie/art/tipp/kinder-und-frust-so-erlernt-ihr-kind-eine-hoehere-frustrationstoleranz.html

Digitaler Minimalismus

www.stern.de/digital/online/smartphone-sucht–darum-macht-sie-unsere-kinder-verrueckt-7508914.html

www.spiegel.de/lebenundlernen/schule/eltern-am-handy-so-nutzen-sie-ihr-smartphone-ohne-ihr-kind-zu-verstoeren-a-1227006.html

www.zeit.de/2016/44/digitalisierung-internet-generationen-vermaechtnis-studie

https://www.nature.com/articles/s41390–018–0052–6

McDaniel, B. T.; Coyne, S. M.: »Technoference« The interference of technology in couple relationships and implications for women's personal and relational well-being. Psychol. Pop. Media Cult. 5, 85 (2016)

https://tripleateam.ch/wp-ontent/uploads/2016/06/Generation_Z_Metastudie.pdf

Die Geburtstagsparty – kein Kinderspiel

www.zeit.de/2014/03/kindergeburtstage-veranstalter-agenturen

www.sueddeutsche.de/leben/kindergeburtstage-der-superlative-wer-hat-die-schoenste-party-im-ganzen-land-1.1625533

Dipl.-Psych. Birgit Langebartels, rheingold institut Köln; medicoach Köln

Eine »minimalistische« Familie

www.familiemettler.de

Der neue Luxus: Zeit

Statistisches Bundesamt: Datenreport 2018 www.destatis.de/DE/Service/Statistik-Campus/Datenreport/Downloads/datenreport-2018-kap-6.pdf?__blob=publicationFile

Brauchen Kinder Spielzeuge?

Dipl.-Psych. Birgit Langebartels, rheingold institut Köln; medicoach Köln

Sachverzeichnis

Das Leben **vereinfachen**

Regina Tödter
Machs einfach
€ 14,99 [D] / € 15,50 [A]
ISBN 978-3-432-10809-4
Auch als E-Book

Klar handeln und denken

Die To-Do-Liste wird jeden Tag länger und gleichzeitig verkürzt sich die Zeit, die für die wirklich interessanten Dinge bleibt? Da träumt man doch gerne vom einfachen Leben. Und das ist jederzeit möglich – es reicht, ein paar wesentlich Ansichten zu ändern.

Bequem bestellen über
www.trias-verlag.de
versandkostenfrei
innerhalb Deutschlands

TRIAS

Gesundheit **aus der Natur**

Die Küchen-Apotheke für die ganze Familie
Rosalee de la Forêt
Die Alchemie der Kräuter und Gewürze
19,99 € [D] / 20,60 € [A]
ISBN 978-3-432-10659-5
Auch als E-Book

Die Welt der Heilpflanzen
Maria Noël Groves
Die geheime Heilkraft der Pflanzen
24,99 € [D] / 25,70 € [A]
ISBN 978-3-432-10999-2

Kochen und Heilen
Jutta Isabella Martin
Hildegard von Bingen Heilküche
24,99 € [D] / 25,70 € [A]
ISBN 978-3-432-10703-5
Auch als E-Book

TRIAS

Bequem bestellen über
www.trias-verlag.de
versandkostenfrei
innerhalb Deutschlands